All About HISTORY　萤火虫 050

BATTLE of the BULGE

阿登战役
希特勒的孤注一掷

[英] 伊恩·奥斯本 编著　张建威 译

中国画报出版社·北京

图书在版编目（CIP）数据

阿登战役：希特勒的孤注一掷 /（英）伊恩·奥斯本编著；张建威译. -- 北京：中国画报出版社，2023.7
（萤火虫书系）
书名原文：History of War: Battle of the Bulge
ISBN 978-7-5146-2188-4

Ⅰ. ①阿⋯ Ⅱ. ①伊⋯ ②张⋯ Ⅲ. ①第二次世界大战战役—1944-1945 Ⅳ. ①E195.2

中国国家版本馆CIP数据核字(2023)第120877号

Articles in this issue are translated or reproduced from Battle of the Bulge Third Edition and are the copyright of or licensed to Future Publishing Limited, a Future plc group company, UK 2021.

北京市版权局著作权合同登记号：01-2022-7078

阿登战役：希特勒的孤注一掷
[英]伊恩·奥斯本　编著　张建威　译

出 版 人：方允仲
审　　校：崔学森
责任编辑：李　媛
内文排版：赵艳超
责任印制：焦　洋

出版发行：中国画报出版社
地　　址：中国北京市海淀区车公庄西路33号　邮编：100048
发 行 部：010-88417410　010-68414683（传真）
总编室兼传真：010-88417359　版权部：010-88417359

开　　本：16开（787mm×1092mm）
印　　张：11.25
字　　数：200千字
版　　次：2023年7月第1版　2023年7月第1次印刷
印　　刷：北京汇瑞嘉合文化发展有限公司
书　　号：ISBN 978-7-5146-2188-4
定　　价：70.00元

重返战场
阿登战役

随着1944年严冬来临,极寒笼罩着整个欧洲,纳粹德国已然危机四伏。兵临城下的强大盟军决意直捣柏林,摧毁第三帝国。然而,希特勒死抱着最后一线希望,密谋出一个大胆计划,准备对西线盟军实施致命一击,在他们中间打入一枚楔子,以期扭转战局。希特勒集结精锐之师,广调战争资源,希图通过这最后一次大规模进攻,打盟军一个措手不及,同时警告世人:倘若德国挨打,更多的人将会付出更大的代价。然而历史证明,接下来的阿登战役无疑是一场血流成河的对决。

目 录

- 垂死挣扎 6
- 希特勒孤注一掷 12
- 德军攻势 27
- 突然袭击 28
- 从伏击到屠杀 39
- 鹰隼行动 45
- 派普挥师西进 52
- 北部攻击畏缩不前 60

- 中部和南部战区 66
- 圣维特之战 68
- 卫若斯大屠杀 84
- 突袭默兹河 91
- 秘密行动 99
- 南部战斗 104
- 巴斯托涅之围 110
- 圣诞反击战 134

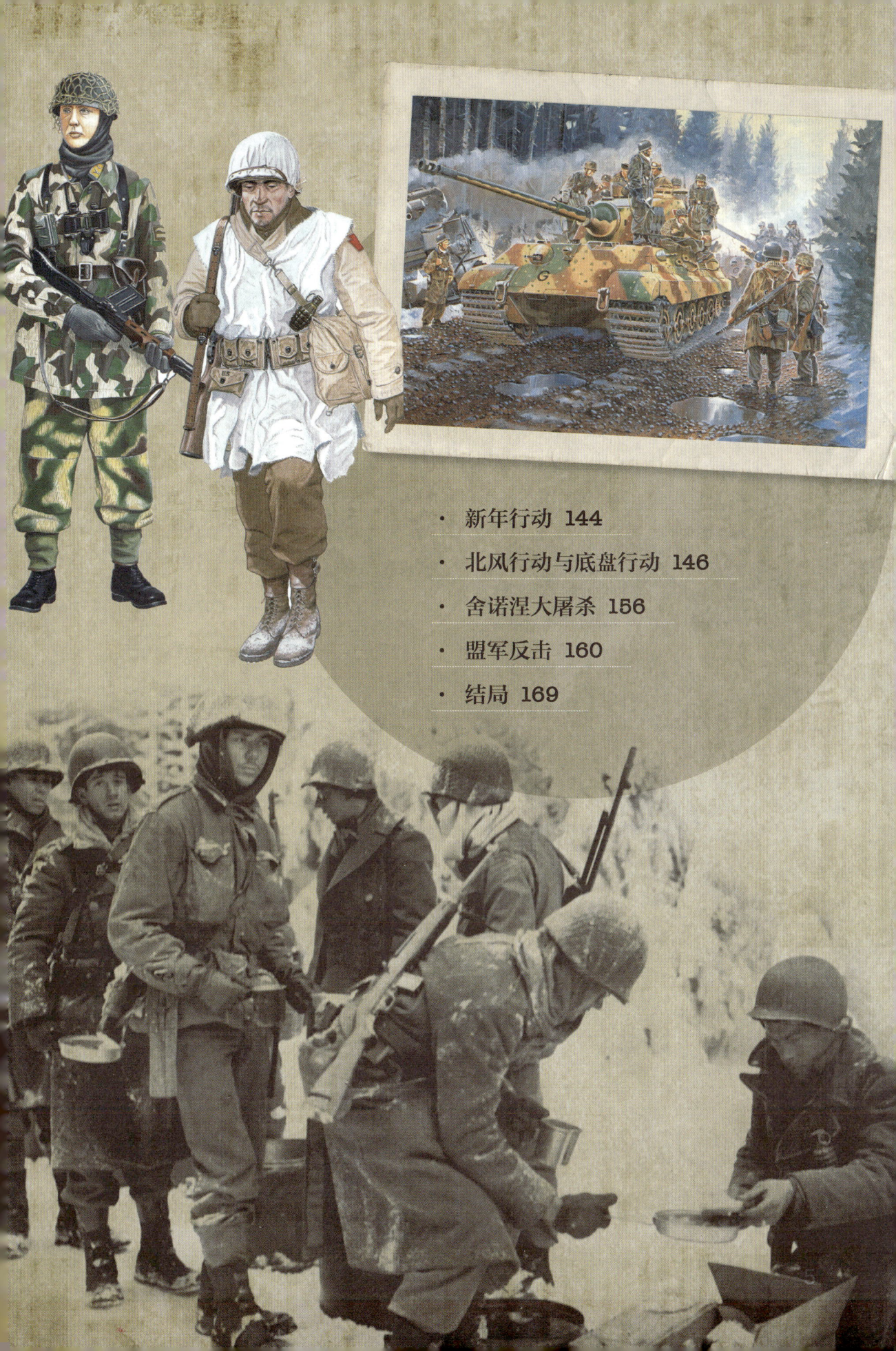

- 新年行动 144
- 北风行动与底盘行动 146
- 舍诺涅大屠杀 156
- 盟军反击 160
- 结局 169

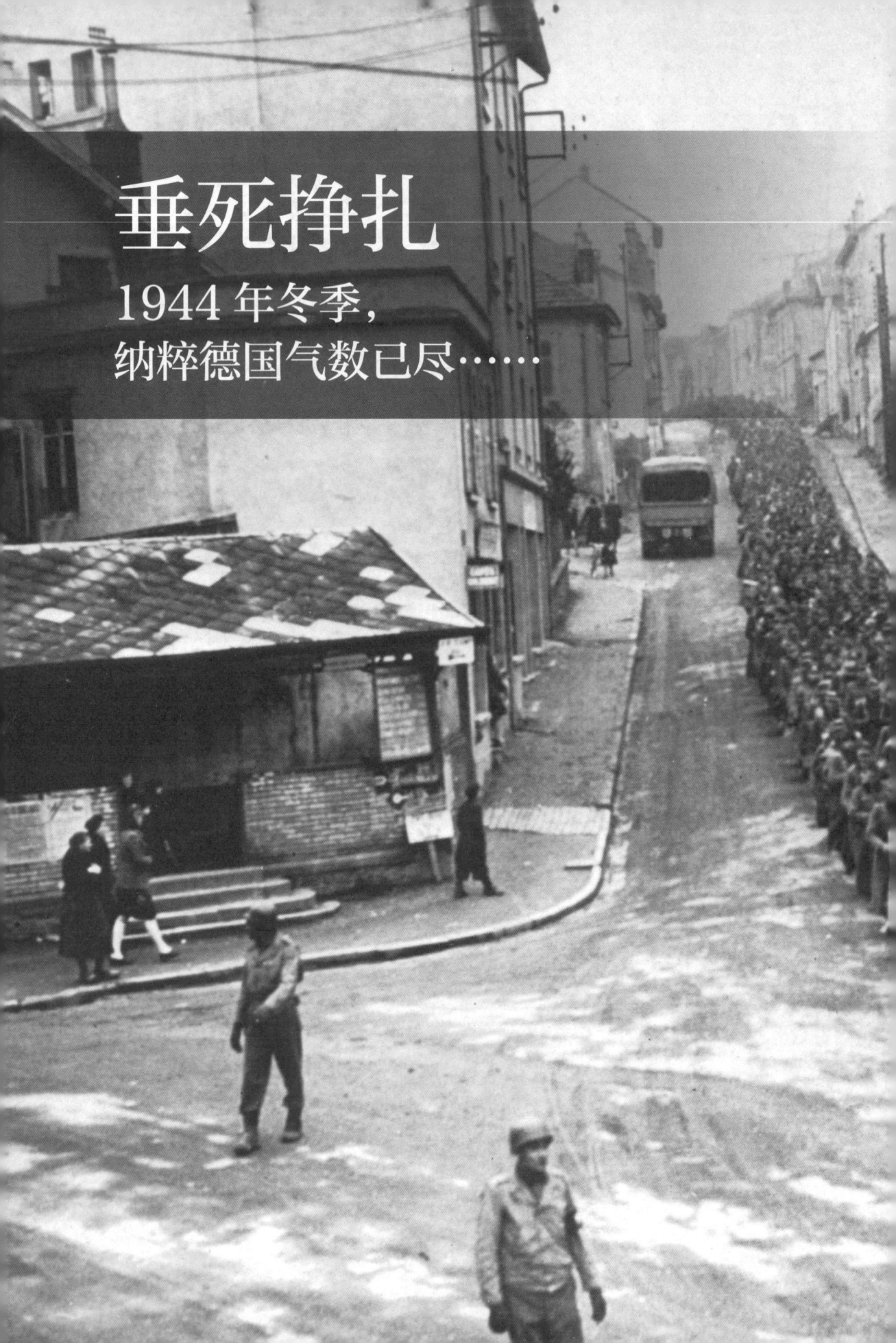

垂死挣扎

1944 年冬季,
纳粹德国气数已尽……

1944年11月,被盟军俘虏的德军士兵走过法国东北部埃皮纳勒(Épinal)的街头

1944年6月6日盟军成功实施诺曼底登陆后,轴心国西部战线土崩瓦解,所属军队逐渐向德国边境退却……

1944年6月23日,正在作战的两名美军士兵,身旁散落着丢弃的德军头盔

但是，最后一搏能虎口夺食、在失败中重塑辉煌吗？希特勒当然自以为是……

1944年12月末阿登战役期间，德国党卫军第12装甲师的士兵在IV/70型坦克歼击车上

希特勒孤注一掷

资源枯竭和天不作美都没能让他善罢甘休

诺曼底登陆战中初尝败绩的德军重新集结起来，致使盟军进攻德国工业区核心地带的市场花园行动（Operation Market Garden）铩羽而归。在这一战果的刺激下，希特勒独断专行，炮制出一场强大攻势。这是一次大胆的军事行动，与手下将军们的意见背道而驰，但他坚信，在阿登地区发起坦克突袭，定能撕开盟军防线，切断他们的补给和增援，重创英国、美国和法国之间的同盟。这场攻势的正式名称叫"阿登战役"（Ardennes Offensive），不过由于它在前线造成异军突起之势，因此人们惯常也把这一行动称为"突出部战役"（Battle of the Bulge）。

希特勒确信阿登地区是盟军战线中最薄弱环节并非没有充分理由：盟军已是疲惫之师，补给线拉得很长，而盟军最高指挥官艾森豪威尔将军却认为，比利时、法国和卢森堡三国交界处的阿登地区森林茂密，相对安全，只需少量军队就足以御敌。

"松散"同盟

当时，盟军的补给线不堪一击，类似法国西北部瑟堡（Cherbourg）这样的深水港对于食品、燃料和弹药的运输至关重要。盟军在最初的进攻中便攻克了瑟堡，但撤退的德军摧毁了那里的基础设施，到1944年年底时已经无法派上用场。相比之下，比利时西北部的安特卫普港则完好无损，成为不可或缺的战略资源，因此也是一个诱人的攻击目标。

希特勒相信敌国结成的不过是松散同盟。他

> 希特勒深信德国有能力向美军据守的阿登地区发动最后一次强大攻势。

想当然地认为这个同盟没有什么共同目的可言,他说:"一边是垂而未死的大英帝国,另一边是等待着继承的美国殖民地。"……他认为,只要在西线痛下决心,"就能一举击溃这一乌合之众"。

然而,如果说盟军面临诸多问题的话,那么德军的处境就堪称濒临绝境了。希特勒只能在西线部署55个师,他们要在战场上对抗96个盟军师,而且还有10多个盟军师正在增援途中。盟军的空中优势严重制约了德军的情报侦察行动,而德军的一举一动全都暴露在盟军眼皮底下。德军的燃料也极度短缺。到1944年9月,盟军的轰炸行动使德国的石油和汽油产量锐减75%。

然而,通过征召曾经免服兵役的学生、政府冗员、年长军人以及轻伤兵,苟延残喘的德国军队又争取到了喘息之机。部队后撤,防线压缩,使得补给线变短。此外,1944年年底,新研制的武器开始投入大规模生产,其中包括喷气式和火箭动力飞机、新型潜艇、超级坦克和V-2火箭导弹,这令希特勒深信德国有能力向美军据守的阿登地区发动最后一次强大攻势,以分裂瓦解盟军,夺取安特卫普这一重要港口,破坏盟军的补给线,进而迫使英美两国不计苏联因素而对德求和。

重大决定

1944年9月中旬,希特勒组织军事顾问们召开了一次绝密会议。"我做出了一个重大决定,"他说,"我们要发起一场攻势。看这儿(他指着地图),穿过阿登地区,跨过默兹(Meuse)河,直取安特卫普。"

阿登地区由美国陆军中将奥马尔·布拉德利(Omar Bradley)率领的第12集团军群控制,麾下是第1、第3、第9集团军。南部是雅各布·德弗斯(Jacob Devers)中将指挥的第6集团军群,由美国第7集团军和法国第1集团军组成;北部是英国陆军元帅伯纳德·蒙哥马利(Bernard Montgomery)调遣的第21集团军群,由英国第2集团军和加拿大第1集团军组成。特洛伊·米德尔顿(Troy Middleton)中将的第8兵团也部署其中。他有3个步兵师,其中两个师因激战而精疲力竭。他还拥有半个全新的装甲师,没有经过战火的洗礼。

1944年10月1日，阿道夫·希特勒和总参谋部成员审定了旨在策应阿登战役的底盘（Bodenplatte）行动计划

1944年12月4日,比利时安特卫普遇到空袭。英国军人正在抬走一名被落在街道上的V型炸弹炸伤的女孩

> 盟军指挥官对自己的优势深信不疑，对德军的集结置若罔闻。

突然袭击

阿登地区盟军共有85000人，部署在85英里[①]长的防线上。由于盟军和德军都在利用这一地区招募新兵、休整疲惫不堪的部队，因此，该地业已成为没有战事的"幽灵前线"。发动突然袭击能突破盟军狭长的防线吗？

1944年12月12日，希特勒召集30名将军前往位于莱茵河畔的科布伦茨（Koblenz）军事总部，将作战计划和盘托出。随后，他们又驱车赶往希特勒的西线秘密指挥所阿德勒霍斯特（Adlerhorst，"鹰巢"）。希特勒滔滔不绝地讲了一个半小时，时不时提及他心目中的英雄腓特烈大帝（Frederick the Great）克服艰难险阻所取得的辉煌胜利，还把腓特烈大帝当年的处境和德国在1944年年底所面临的境遇相提并论。

"人们可能会说，'是的，不过那时的情境毕竟不同，'"希特勒咆哮道，"先生们，这没有什么两样。当时，他的所有将领，包括他自己的兄弟，都对成功心若死灰。首相甚至恳求他结束战争，因为已无获胜希望。正是他一个人的坚定不移，才最终赢得了战争的胜利。"德国的路线已经确定——这时的德国已经踏上了一条不归路。

希特勒的预谋是3个集团军在阿登地区发动重装突袭，分割围歼盟军有生力量。由约瑟夫·赛普·迪特里希（Josef "Sepp" Dietrich）将军率领的第6装甲军负责攻占安特卫普港，掐住盟军补给线的咽喉。

---

① 1英里约为1.6093千米。

指挥：德军西线总指挥格尔德·冯·伦德施泰特元帅（前排左二）认为，希特勒一路直插安特卫普的计划过于雄心勃勃

指挥进攻：约瑟夫·赛普·迪特里希将军的第6装甲军负责攻占安特卫普港。

忠心耿耿的迪特里希深得希特勒的赏识，但却不太受其他将领们的待见。他没有接受过正规的军事教育，因此有人认为他不适合统领千军。然而，他的勇武却没人质疑。他身先士卒、靠前指挥的做法令麾下部队推崇备至。

战略

在哈索－埃卡德·弗雷赫尔·冯·曼托菲尔（Hasso-Eccard Freiherr von Manteuffel）将军指挥下，第5装甲军须首先拿下圣维特（St. Vith）这一具有战略意义的公路和铁路枢纽，然后直扑布鲁塞尔。冯·曼托菲尔在两次世界大战中都为德国立下战功。作为一名坦克部队指挥官，他以娴熟的战术技巧闻名遐迩。

第7军团由指挥有方、战果累累的阿道夫·罗伯特·埃里希·勃兰登贝格（Adolf Robert Erich Brandenberger）将军率领。他奉命攻打南部，以阻击美军增援部队。该军团由4个步兵师组成，没有重型装甲战车。

古斯塔夫－阿道夫·冯·赞根（Gustav-Adolf von Zangen）将军率领的第15军团留作预备队。1944年9月在盟军发起的市场花园行动中，该军团在惨烈的防御战中损耗过大，精疲力竭，如今正在整编和休整。

德国陆军B集团军沃尔特·莫德尔（Walter Model）元帅和德军西线总指挥格尔德·冯·伦德施泰特（Gerd von Rundstedt）元帅担任此次行动的总指挥。

除绵延的盟军防线不堪一击外，预计12月份的恶劣天气也将使盟军空军无法升空作战。结果如何？简直就是1940年法国战役的重演。当年，德军坦克部队长驱直入阿登地区，不费吹灰之力便推进到英吉利海峡。然而，并非所有人对眼下这样设想的结果都信以为真。

莫德尔和冯·伦德施泰特都认为，鉴于现有资源（尤其是可用燃料），一路推进到安特卫普的计划过于雄心勃勃。他们提出一个替代方案，即部队只开进到默兹河。

即使是狂热忠诚的约瑟夫·迪特里希也疑窦丛生，一肚子怨气："希特勒只想让我渡河，攻克布鲁塞尔，占领安特卫普。可这仗要在阿登地区一年中最糟糕的时候去打——积雪没腰，并排4辆坦克都无法开进，更不用说装甲师了。晚上8点天才黑，早上4点天就亮了。整编后的师团里全都是一群毛孩子和老弱病残，而且还过着圣诞节。"然而，希特勒不为所动，一意孤行。

关键条件

要达成这一作战计划，必须满足4个关键条件。首先，必须实施突然袭击；其次，恶劣的天气让盟军空中优势无法施展；再次，德军必须快速穿插阿登地区，第4天直抵默兹河；最后，对盟军的燃料转储必须全部顺利完成——没有这些缴获的燃料支撑，德军的行进距离只能实现1/3到1/2。希特勒对这次下注的后果心知肚明："再想调遣这么多资源已不可能。一旦失败，就将万劫不复。"

总体作战计划中还包含3项特殊行动。在狮鹫行动（Operation Greif）中，一队会讲英语的德军士兵身穿美军和英军制服，脖子上戴

1944年12月16日，阿登战役打响。
德军虽然乐观有余，但也深知一胜难求。

着从阵亡盟军士兵和战俘身上搜出的狗牌（dog tags）[①]。他们要深入敌后，拆除或改变路标以误导交通，尽可能扰乱盟军的行动。该部队由奥托·斯科泽尼（Otto Skorzeny）中校率领。他在上一年成功指挥营救了被废黜的意大利独裁者墨索里尼。当德军渡河时，他们会夺取默兹河上的桥梁。

在货币行动（Operation Währung）中，间谍们将用钱买通铁路和港口工人以破坏盟军的补给。鹰隼行动（Operation Stösser）是由弗里德里希·奥古斯特·弗雷赫尔·冯·德·海德（Friedrich August Freiherr von der Heydte）上校指挥的夜间伞降行动，旨在攻占马尔梅迪（Malmedy）的一个重要路口。

为避免无线电通信被盟军截获并解码，德方联络均通过电话和电传打字机进行。与阿登战役有关的任何信息都不能通过无线电传送。即便如此，盟军还是注意到了德军集结的动向。美军巡逻队在该地区发现德军比平时多出3个师，尽管更多集结的部队还在瞒天过海。

7个装甲师和13个步兵师已经部署到位，部队和武器来自挪威、波兰、东普鲁士和奥地利。1500多趟军列和500趟满载军用物资的列车也纷纷驶往西线，其中包括15000吨火炮弹药和450万加仑[②]宝贵燃料。在森林中隐藏着1900门火炮和970辆坦克。与此同时，德国空军指挥官赫尔曼·戈林（Hermann Göring）承诺提供1000架飞机进行掩护，尽管地面上没人指望他能兑现这一承诺。

战役开始

对自身优势深信不疑的盟军指挥官不愿承认德国仍有能力发动强大攻势，因此对德军在该地区的集结置若罔闻。根据艾森豪威尔的情报总管肯尼思·斯特朗（Kenneth Strong）少将的说法，"德军在该地区的集结只是休整行动"。截至1944年12月12日，即战役开始的前4天，仍有情报称："现在可以肯定的是，西线德军的军力正在逐步消耗殆尽。德军防线远比表面看起来更加薄弱。"盟军虽然发现了德军集结的蛛丝马迹，但认为这纯属德军防御之举，不必大惊小怪。

万事俱备，阿登战役于1944年12月16日打响。德军虽然乐观有余，但也深知一胜难求。正如开战当天向国民掷弹兵（Volksgrenadiers）颁布的命令所说："如果英勇善战，你就能坐上美国车，吃上美国饭。然而，如果愚蠢怯懦，你就只能饥寒交迫地一路走到英吉利海峡。"

[①] 身份识别牌。——译注
[②] 加仑（英制）约为0.0045立方米。

奋力推进：一辆试图阻止德军前进的坦克侧翻在阿登森林结冰的道路旁。一辆美军谢尔曼 M4 型坦克正在驶过

德军攻势

1944年12月16日凌晨5时30分许，驻守在卢森堡霍辛根（Hosingen）观察哨的一名美军士兵报告称德军防线上闪光不断。这是德军第一轮炮火准备。1600～1900门（具体数量说法不一）火炮和迫击炮一起开火，炮弹呼啸着向盟军80英里长的防线倾泻而去。安装在列车上的大炮向盟军后方补给站发射了14英寸[1]炮弹，指挥所和炮兵阵地遭到火炮和火箭弹的袭击。由于无线电频率受到干扰，前线美军很难把遇袭情况传递出去。德军随之蜂拥而至。在新型梅塞施密特262型喷气式飞机的空中支援下，瞄准低云的探照灯照亮了德军袭击的道路。

[1] 1英寸为2.54厘米。

突然袭击

美军发现德军来势汹汹，势如破竹

正如德军战前所预料的那样，暴风雪、低低的云层和浓雾使得盟军飞机无法起飞，但恶劣的天气状况也令德军在阿登冷杉森林、陡峭山地和湍急河流中变得举步维艰。面前的路很难称其为路，翻山越岭更是没有一条宽阔的道路可循。结果导致交通堵塞，坦克部队奋力前进，先头部队燃料不足。

赛普·迪特里希的第6装甲军在北部肩状突出部遭遇算不上协同却十分顽强的抵抗。在埃尔森伯恩岭（Elsenborn Ridge）战斗中，党卫军上校约阿希姆·派普（Joachim Peiper）的亲卫队第1装甲师（西线装备最好的师之一）率领4800名士兵和600辆战车发起了进攻。该山岭是一个具有特别战略意义的作战目标，因为它控制了通往默兹河的西侧道路。德军突然袭击，很快就攻占了几个美军阵地，但美军第2、第99步兵师的士兵很快便回过神来，开始组织起顽强反击。

> 经过10天的激烈战斗，德军虽然占领了村庄，但无法攻克由美国第1集团军第5军团控制的埃尔森伯恩岭。

挖掘工事：美国第1集团军士兵在机枪阵地附近的冰冻地面上挖掘散兵坑

在整个前线，寡不敌众的美军采取了一些小的战术动作来阻止迪特里希的进攻。在比利时兰策拉特（Lanzerath）村，美军第 99 步兵师 18 人组成的侦察队和 4 名突前空中管制员封锁了穿越罗谢姆狭口（Losheim Gap）的一条要道，成功阻击了德军由 500 人组成的一个营达 10 个小时之久。

第 6 装甲军的进攻也拖了计划的后腿。派普战斗群（Kampfgruppe）的先头部队奉命沿一条要道前进，但由于大桥倒塌，他们的进攻迟滞了 16 个小时。12 月 17 日凌晨，派普战斗群抵达布赫霍尔茨（Buchholz）车站，然而盟军一个步兵连以火车车厢和机车检修所为掩护，用迫击炮和反坦克炮挡住了德军的去路，派普战斗群再次受阻，但最终带着美军第 394 步兵团第 3 营俘虏突围出去。在夺取了位于比林根（Büllingen）的美军燃料库（该库储存的燃料约 50000 加仑）后，德军经过休整、加油，再次向西推进。

激烈战斗

党卫军第 12 装甲师和其他步兵部队向比利时洛斯海默格拉本（Losheimergraben）的一个岔路口进发。他们夺取了这个路口，随后又扑向罗切拉特（Rocherath）和克林克尔特（Krinkelt）两个村庄。这两个村庄居高临下俯视通往埃尔森伯恩岭沿线高地的道路。在派普战斗群的北面，德军第 277 国民掷弹兵师与盟军第 2、第 99 步兵师冤家路窄，再次遭遇顽强抵抗。经过 10 天的激烈战斗，德军虽然占领了村庄，但无法攻克由美国第 1 集团军第 5 军团控制的埃尔森伯恩岭。他们也没能夺取比利时列日（Liege）和斯帕（Spa）两市附近的美军补给站以及通往安特卫普的 3 条道路中的两条。

尽管德军与盟军第 99 步兵师及其附属部队的人数之比超过了 5:1，但伤亡比却高达 18:1，损失惨重。及至埃尔森伯恩岭战斗结束时，步兵师阵亡 465 人，负伤 2524 人；德军阵亡 4000 余人，损失约 60 辆坦克和大炮。北部突出部终究没能突破。

缺乏经验

不幸的是，对于盟军来说，这种坚守在南部却无法复制，德军发现那里是盟军防线的软肋，守军作战经验明显不足。罗谢姆狭口形成了由特洛伊·米德尔顿中将率领的第 8 兵团和伦纳德·格罗（Leonard Gerow）将军指挥的第 5 兵团控制地域的交叉地带，由 900 名主要执行侦察任务的轻骑兵防守。直面冯·曼托菲尔将军的第 5 装甲军的猛烈进攻，他们毫无胜算。上午 9 时，罗谢姆狭口落入德军之手。

罗谢姆狭口的沦陷对部署在南部施内-艾弗尔（Schnee Eifel）地带的美军第 106 师的两个整编团（约 9000 人）构成了严重威胁。这个人们昵称为"金狮"的师主要由没有战斗经验的新兵组成，正在接受军训。冯·曼托菲尔将军把属下部队一分为二，一半穿过罗谢姆狭口，另一半取道更南的阿尔夫山谷（Alf Valley），企图围歼第 106 师。尽管南部突袭在布莱尔夫（Bleialf）村遭到抵抗，但推进迅速。

特洛伊·米德尔顿中将命令第 106 师少将艾伦·琼斯（Alan Jones）在增援部队赶到之前据守阵地，但如果情况变得危急，可以撤退。由于电话不畅，琼斯误解了上司的命令，以为要他坚守待援。第 106 师遵令原地坚守，不到 12 小时便成为德军囊中之物。

在盟军战线沿线的几个地区，缺乏经验的部队发现自己被突如其来、出其不意的德军袭击所压倒。托尼·穆迪（Tony Moody）中尉就是年轻士兵中惊恐不已的一个。

"一开始我并不害怕，可是随后心里越来越感到没底儿。"他解释道，"主要是什么都没谱儿。我们不知道自己的作战任务，更不知道德国人在哪里。"

"我们简直太累了，没有补给，弹药不足。恐慌弥漫，混乱不堪。眼瞅着被强大的敌军包围，不想赶紧脱身那才见鬼。我情绪低落得很，病得非常严重，还得了冻疮。

"我一直在想：'天哪，我陷入了什么样的境地？我究竟能承受多少？'我漫无目的地游荡，跌跌撞撞地走进了一个营的救援站，瘫倒在地，酣睡了一天一夜。脑海里浮现出很多画面，沮丧、绝望的感觉始终挥之不去，剩下的只想去死。"

德军的前进离不开恶劣的天气状况，尽管这在一定程度上也阻碍了他们在一些地方的推进。天气同时对盟军也产生了影响。浓雾是一大阻碍。正如一名步兵连长在描述阿登战役第一周爆发的斯图蒙（Stoumont）战斗时所写的那样："雾太大了，我们的一名战士发现自己在不知不觉中离德军机枪只有 10 码[①]远。"

"每个人的神经都绷得不能再紧。本以为自己永远不会认怂的人都紧张得透不过气来。"

恐怖气氛

经验丰富、久经沙场的第 101 空降师编队给经验不足的部队以足够的支撑，但他们无法阻止恐慌。正如第 101 空降师伞兵唐纳德·伯格特（Donald Burgett）写的那样："恐怖气氛甚嚣尘上。恐惧恰似瘟疫，一旦染上，很快就会蔓延开来。只要有人带头跑，其他人很快就会如法炮制。然后，一切都结束了。很快就有成群结队的人在奔跑。他们大睁着眼睛，惊恐地乱窜。"

部队士气低落到了极点。一等兵哈罗德·林斯特朗（Harold Lindstrong）注意到，活人开始装死。

"（德军尸体）看起来平静得很。对他们来说，战争已经结束。他们再也不会感到冰冷刺骨。"林斯特朗还说，他的一些战友为了摆脱战斗而自残。"没人知道有多少事故名副其实，又有多少是自作自受。"

美国巴顿将军意识到了这些自残。在走访一家野战医院时，他问一名战士是如何受伤的。"我朝自己的脚开了一枪。"伤兵解释道。巴顿勃然大怒，但这名脚踝骨折的伤兵说："将军，我远征过非洲、西西里、法国，现在又来到德国打仗。如果打算通过自残来退役的话，我早就这么做了。"巴顿答道："对不起，孩子，我错了。"

尽管在北部突出部遭遇挫折，但德军的推进还算顺利。第一天战斗结束后，喜形于色的阿道夫·希特勒给赫尔曼·巴尔克（Hermann Balck）将军打电话，咆哮道："西线的一切都发生了改变！成功，百分之百的成功！现在我们已经稳操胜券！"

---

① 1 码约为 0.9144 米。

猛烈攻击：阿登战役中的德军士兵在泥泞的道路上奔跑，前方几辆战车拦住了去路

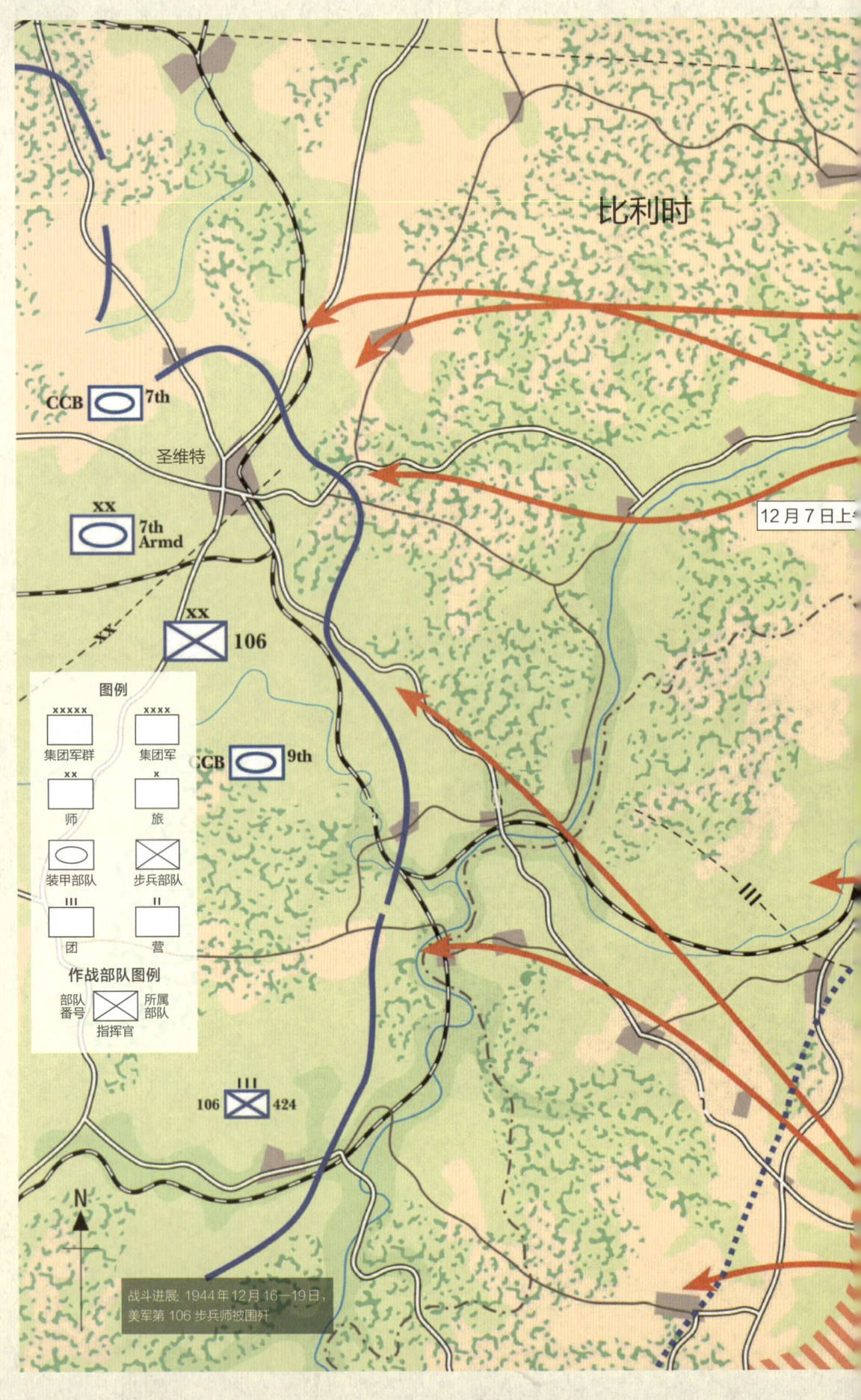

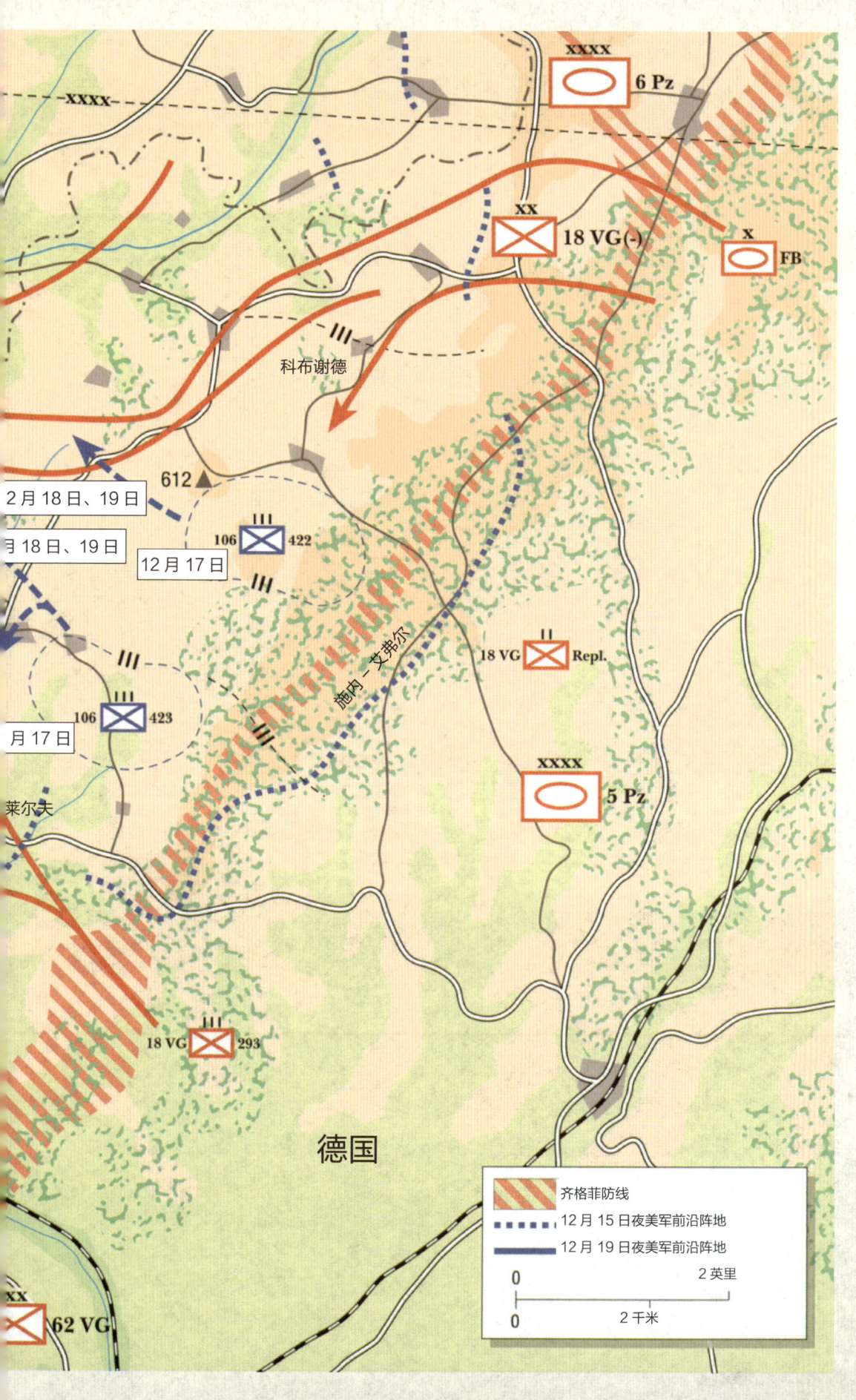

美军第2步兵师在克林克尔特迎战党卫军第12装甲师

党卫军第12装甲师指挥官克拉斯（Kraas）将军急于按计划推进，决定让自己的装甲师参与清除克林克尔特街道上的美军步兵。小镇被浓雾和冰雨所笼罩。新近抵达战区的美军第99师"战斗宝贝"新兵与第2步兵师的老兵并肩战斗。

克林克尔特和罗切拉特这两个村庄是该地区典型的农场社区，建筑都由坚固的石头砌成。事实证明，它们是美军步兵理想的防御阵地。本应伴随坦克开进的大多数德军装甲掷弹兵在抵达村庄之前便被小型武器火力所吞噬。豹式坦克在狭窄的街道上跌跌撞撞，盲目乱闯，没有任何步兵

的策应和支援。

尽管豹式坦克或许是"二战"中最好的坦克，但它并不适合城区战斗，反倒成了整天被美军反坦克队无情追击的目标，侧面和后方都有可能被美军步兵使用的并不可靠的巴祖卡（bazooka）火箭筒洞透。

图中所看到的巴祖卡火箭筒①是团队作战的一部分，其他步兵提供掩护，以抗击从城镇边缘冲过来的少量德军步兵。巴祖卡火箭筒小组得到多辆美军坦克和M10型反坦克歼击车的支援。德军这辆豹式坦克炮塔受损，表明它被高速反坦

克炮弹而非火箭弹击中。

图中在村教堂对面的街道上被击毁燃烧的坦克是该系列坦克中最现代产品豹式Ausf. G型。车身上涂有德军惯常使用的三色迷彩。当时的迷彩是一层红铅底漆,图案为深黄色和深橄榄绿色。这辆坦克上的标记也相当典型,包括一个3位数的战术编号,第一位数表示连,第二位数表示排。德军徽记并不显眼。

1944年12月,美军士兵身着的制服是常见的秋季军装。美国陆军对冬季作战并没有做好充分准备,因此向部队发放了各种冬季服装。最实用的是1943型野战夹克②,与毛衣和其他衣服搭配穿着以增加保暖性,但数量不足,许多士兵因此分到了劣质的替代品,其中包括过时、笨重的1942款麦尔登呢大衣③。在12月初的天气里穿上这款大衣是一个特别糟糕的选择,因为阿登战役伊始,冷雨不断,夜间气温骤降,被雨水打湿的大衣根本起不到保暖作用。一些士兵还领到了旧款麦诺夹克④,但它们不像大衣那么常见。

标准步兵武器是M1加兰德步枪,辅之以班用自动武器勃朗宁自动步枪(BAR)。(霍华德·杰拉德撰文)

伏击：1944年12月17日，阿登战役爆发次日，一名德军士兵走过一辆熊熊燃烧着的美军半履带车

从伏击到屠杀

"二战"中德军的一次伏击导致美军惨遭诛戮

1944年12月17日,在距离马尔梅迪约两英里的包格涅兹(Baugnez)村十字路口,美军第7装甲师第285野战炮兵观察营B连的一个小队被派普战斗群的一些德军坦克和半履带车发现。德军旋即发动进攻,摧毁了美军突前和殿后的卡车以防美军逃跑,随后用机枪和迫击炮清除美军。几辆卡车在试图逃跑时发生爆炸,更多的卡车翻到了沟里。美军士兵躲在卡车后面和阴沟里,尽全力反击。

党卫军上级突击队大队长[①]派普亲自驾驶一辆美国吉普车抵达冲突现场。快速移动和对有限资源的有效利用是德军顺利推进的关键。因此,他不愿意看到手下把时间和弹药浪费在一个无用的目标上。他更不愿意看到美军卡车被摧毁。倘若将这些卡车缴获过来,就能派上大用场。他说:

"多么漂亮的卡车啊,正是我们亟需的,全都报销了。"

好不容易交火才停了下来,美国大兵举着双手从掩体后面走了出来。德军把他们分成若干个小组,戒指、手表、香烟悉数搜走,尤其是手套。

第一枪

一小队战俘排成一行。一名德国兵用手枪挨个儿指着他们的头,扬言要干掉他们,算是报复美国对德国的轰炸。尽管受了轻伤,但营长罗杰·米尔斯(Roger L. Mills)上尉还是挺身而出进行交涉。他说这些人应该被当作战俘对待。

---

① SS-Obersturmbannführer,相当于陆军中校。——译注

德国人做了让步。当美军战俘行进到比利时利尼厄维尔（Ligneuville）时，10 名先前受到威胁的大兵被押到半履带车后部看管起来，随后被转移到德国。派普本人乘坐另外一辆半履带车离开了战场。

B 连其余战俘和当天被俘的其他美军大兵被赶到了一片旷野上，共有 120～130 人。他们在离公路约 60 英尺①的地方站成一排，双手举过头顶。没戴手套的双手在冬季刺骨的寒风中很快失去了知觉。他们认为这是在等待卡车把他们运走，因此并不过分担心自己的安全。

随后，一名德国军官叫停了两辆豹式 IV 型坦克，命令它们就位掩护。接着，他发出了开火的命令。一名枪已在手的年轻士兵打响了第一枪，令战俘们一片哗然。军官们想要控制局面，以免引发更多枪击，可此时已回天无力。两辆坦克上的机枪齐射，开始屠杀。射击持续了大约一刻钟，之后，党卫军第 3 先锋连开始在尸体间跨越穿行，向任何头部在动的战俘补枪。有些德国兵还向战俘喊话，称还活着的人答应一声，以便送他们去接受救治。可是，任何有反应的人立刻就地遭到枪杀。截停坦克、命令开火的军官最终认定系党卫军第 1 装甲营指挥官维尔纳·波特施克（Werner Poetschke）少校。然而，由于他当时已经阵亡，因此德军完全有可能用他来做替罪羊以掩盖真正的罪魁。

狙杀

一名叫多宾斯（Dobyns）的医生尽管数次中弹，但仍然活着，瞒过了德国人。他闻声跑了出来，没跑出 25～30 码便被机枪扫倒。还有几个人也想逃跑，但没跑多远便被枪杀。大约十几名美军大兵躲进了附近一家咖啡馆。德军点燃了咖啡馆，开枪射杀跑出来的美军。

那些躺在田野里还活着的人屏住呼吸装死，生怕在寒风中起伏的身体会暴露自己。小维吉尔·T. 拉里（Virgil T. Lary Jr.）上尉回忆道："一颗子弹打穿了我旁边那个人的脑袋。我紧张地躺在地上等死。他能看到我在喘气吗？要是腹股沟挨上一脚我能不能做到面无表情？那个德国兵就

---

① 1 英尺为 0.3048 米。

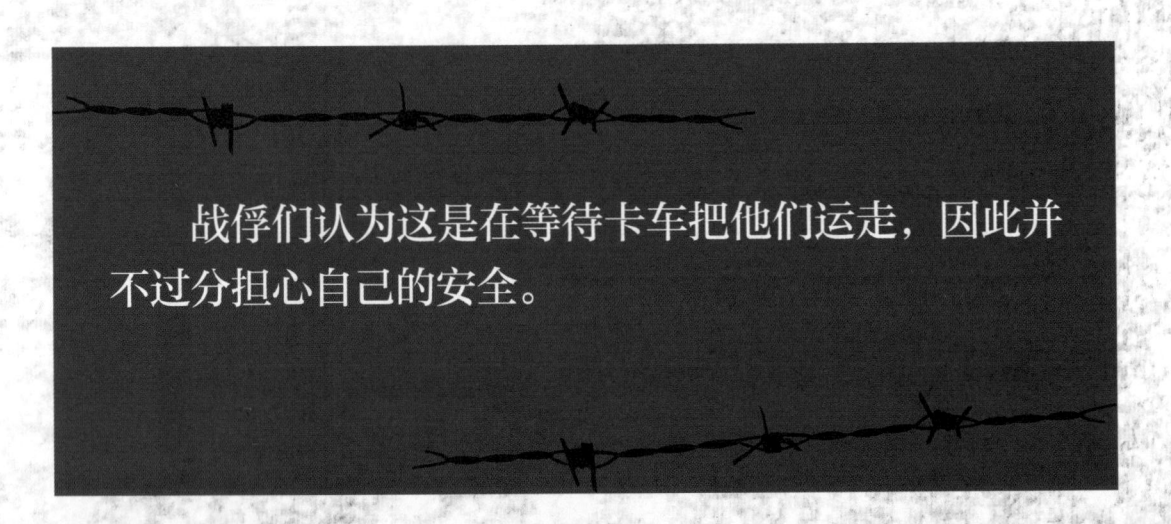

> 战俘们认为这是在等待卡车把他们运走，因此并不过分担心自己的安全。

> 那些还活着的人屏住呼吸装死，生怕起伏的身体会暴露自己。

站在我头上。时间似乎凝固了一般。然后我听到他故意给手枪重新上膛，往前凑了几步。这时，他朝远处开了一枪，离我而去。"

结局

下午2时30分许，盟军第291工兵旅指挥官佩格林（Pergrin）上校在通信中士威廉·克里肯伯格（William Crickenberger）的陪同下离开马尔梅迪，乘坐吉普车前往包格涅兹。看到燃烧的咖啡馆后，他们走进田野，搭救了3名幸存者，将他们带回马尔梅迪。

他们从痛苦的经历中恢复过来后，向众人说明究竟发生了什么。佩格林向斯帕的霍奇斯（Hodges）将军汇报了马尔梅迪大屠杀惨案和德军动向。翌日，又有数名幸存者获救。

大屠杀的消息不胫而走，迅速传遍盟军，不可避免地引起了轩然大波。人们群情激愤，伺机报复。一支美军部队下令："见到纳粹党卫军或空降兵不得抓俘虏，必须就地正法。"

5天后，一场大雪覆盖了遗留在田野里的86具美军战俘尸体。由于包格涅兹十字路口位于当时盟军和德军防线之间，因此，直到盟军发起反攻后的1945年1月14日，他们才被发现。人们拍下了横陈荒野的尸体照片，将他们送往马尔梅迪进行大规模尸检。经检验发现，至少20名死者被近距离爆头。大多数尸体上只有一处枪伤。约有10人受到钝器伤，很可能是枪托所致。大部分尸体被紧紧捆绑在一起，表明遇害前曾被集合起来。这是第二次世界大战期间在欧洲对美国军人犯下的最严重暴行。

一些参与大屠杀的党卫军后来辩称，战俘企图逃跑或者拿出隐蔽的武器向德军开火，但证据证明情况并非如此。战后，派普战斗群的73名手下因马尔梅迪大屠杀和其他针对军人和平民的暴行而受审。包括派普本人在内的43人被判处绞刑，尽管没有实际执行死刑；22人被判处终身监禁；8人被判处短期监禁。

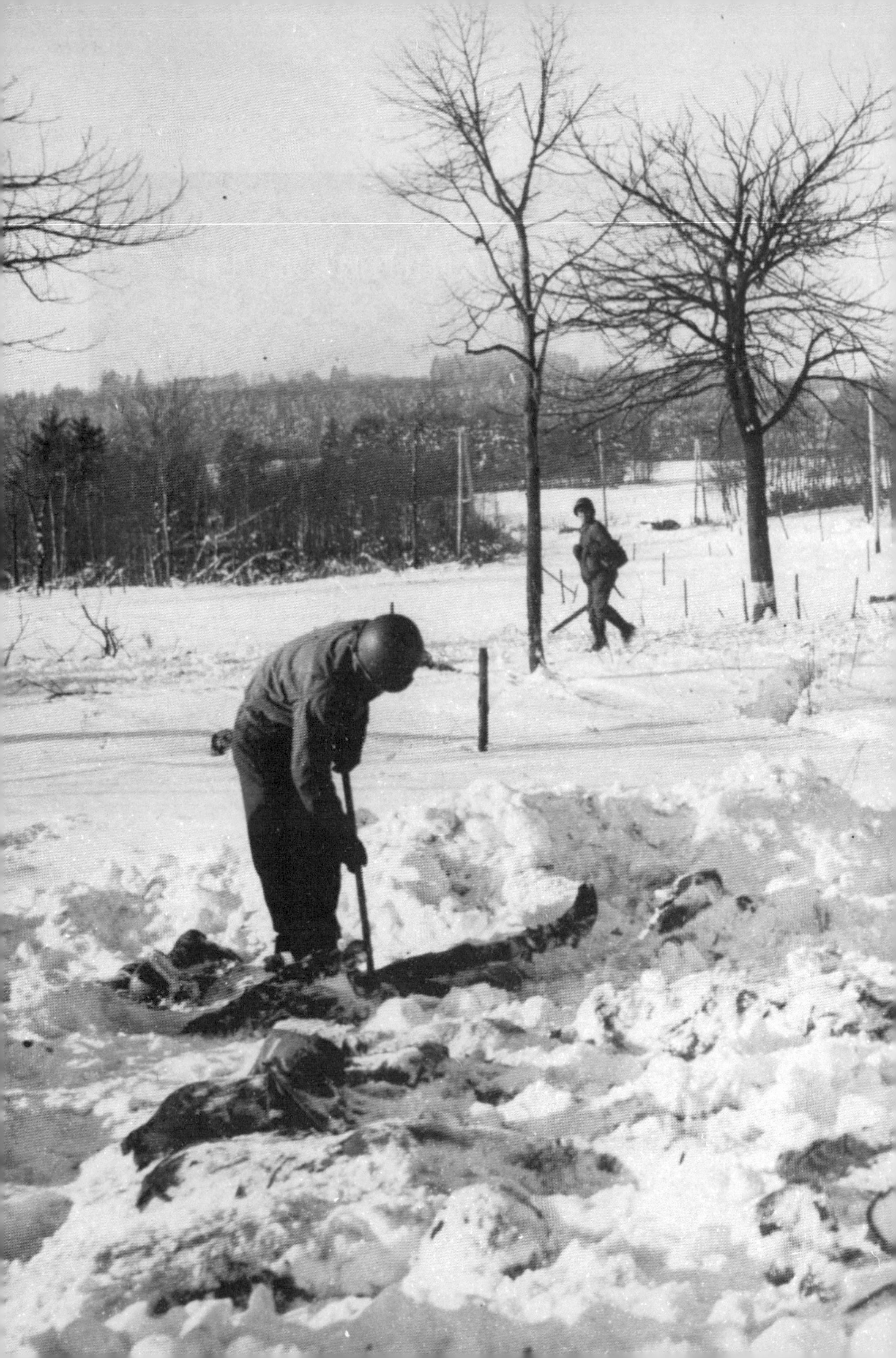

艰巨任务：包格涅兹村附近的士兵在雪地里四处挖掘，以发现在马尔梅迪大屠杀中被德军杀害的美军战俘的尸体

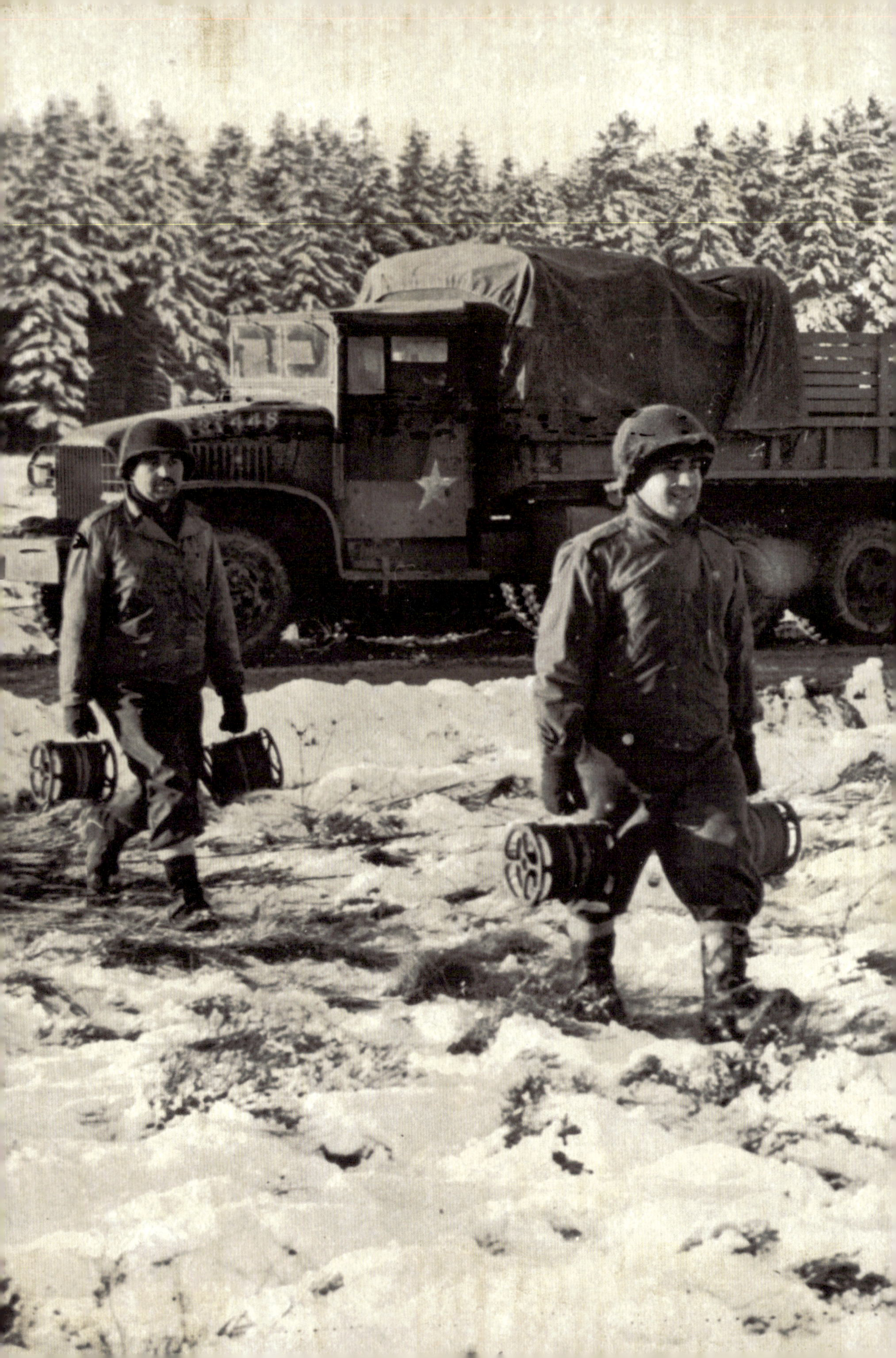

◀ 地面工程：美国陆军工程师在德国蒙绍（Monschau）附近一片积雪覆盖的田野上搬运地雷

鹰隼行动

希特勒确信德国伞兵对他这次大举进攻至关重要，但他们的参与很快就演变成了一场闹剧

1940 年和 1941 年的德军胜利，证明伞兵是德军的巨大财富。因此，希特勒在阿登战役中再次调遣他们也就不足为奇。然而，当时德军经验丰富的伞兵少之又少，受过空投训练的飞行员更是寥若晨星。对他们来讲，"二战"初期的成功无法复制。

在鹰隼行动中，希特勒计划动用约 1000 名伞兵，去夺取马尔梅迪以北约 7 英里处一个战略要道，以阻击美军增援部队，为迪特里希将军的第 6 装甲军赢得时间来加强新建立的防线。他们需要在路口坚守 24 小时，之后由渐进的党卫队第 12 装甲师接替他们。

· 45 ·

负责这次空降任务的是弗里德里希·奥古斯特·弗雷赫尔·冯·德·海德上校。1944年12月这项重任落到他的肩上，令人感到惊讶。尽管他是一名经验丰富的伞兵，曾在法国、克里特岛、北非、意大利作战，但他是1944年7月谋杀希特勒的主谋克劳斯·冯·施陶芬贝格（Claus von Stauffenberg）上校的堂兄，与密谋刺杀的军官们过从甚密。

任务展开

然而，冯·德·海德要求部队必须绝对忠诚。他没有获准带领自己的第6伞兵团参与行动，因为该团的调动可能会向盟军暴露一触即发的袭击。但当士兵们风闻作战任务后，大约有150人立即离开了自己原来的部队，加入了他的空投作业。希特勒还命令每个空降团均需派出100名最好的伞兵，但不可避免的是，许多团选择利用这个机会将他们中的慵懒无能之辈送走。正如冯·德·海德后来所言："在我整个军旅生涯中，从未指挥过一支士气如此之差的部队。"

冯·德·海德的手下堪称乌合之众，而且时间已经非常紧迫。12月8日，他才领到确切任务，这时只剩下8天准备时间。迪特里希不顾他的反对，坚持让他们在发起地面攻击前几个小时才开始空投，以免德军部署引起美军警觉。这意味着必须实施夜间空投。这是德军在"二战"期间绝无仅有的一次。雪上加霜的是，除中队指挥官外，将他们带到降落区的飞行员没有一个有空投经验。其中大约半数从未执行过任何战斗任务，有些人甚至从未驾驶过空投中使用的容克52型运输机。当冯·德·海德提请莫德尔元帅注意这些问题时，得到的回答是，整个战役的成功概率不到10%，但"必须这样做，因为这次战役是扭转战局的最后机会"。

由于飞机姗姗来迟，空降行动被迫推迟了一天。12月17日凌晨，鹰隼行动终于开始，但很快被叫停。100余架容克52型运输机飞往空降区，但强风和低云层致使只有10架运输机最终抵达空降空域。几周前胳膊意外受伤、还打着绷带的冯·德·海德是第一批跳伞的人之一，但因硬着陆而失去了知觉。苏醒后，他迅速赶往贝勒·克鲁瓦（Belle Croix）路口的指定集合地点，却发现只有20个人等在那里。伞兵们分散得很远，只有10架飞机飞临了指定空域。十多架飞机因飞行员和领航员经验不足，彻底迷失了航向，把伞兵们空投在距离目标50英里外的德国城市波恩。

分散的兵力

最终，冯·德·海德设法集结了250~300人，只勉强达到他本应指挥兵力的1/4。他们只携带了跳伞时的随身武器，因为准备空投的重型装备也不知去向。虽然找到了无线电设备，但已被毁坏，无法使用。由于莫德尔拒绝了信鸽通信请求，因此冯·德·海德无法与第6装甲军联络。他本应在空投24小时后与第6坦克军会合。整个任务正在迅速演变成一场闹剧。

伞兵们的初次敌情是与盟军第1步兵师和第7装甲师遭遇，无奈自身人数过少，装备太轻，无法发动进攻。他们转而建立了一个大本营，派出巡逻队各处收集食物，发现任何单独车辆便就地解决。在抓获6名美国兵后，冯·德·海德将他们和自己部下两名在空投中摔断了胳膊的伞兵一起送回了德军防线。他在给美军第101空降师指挥官马克斯维尔·泰勒（Maxwell Taylor）将军的纸条上写道："请善待我团的伤兵，就像

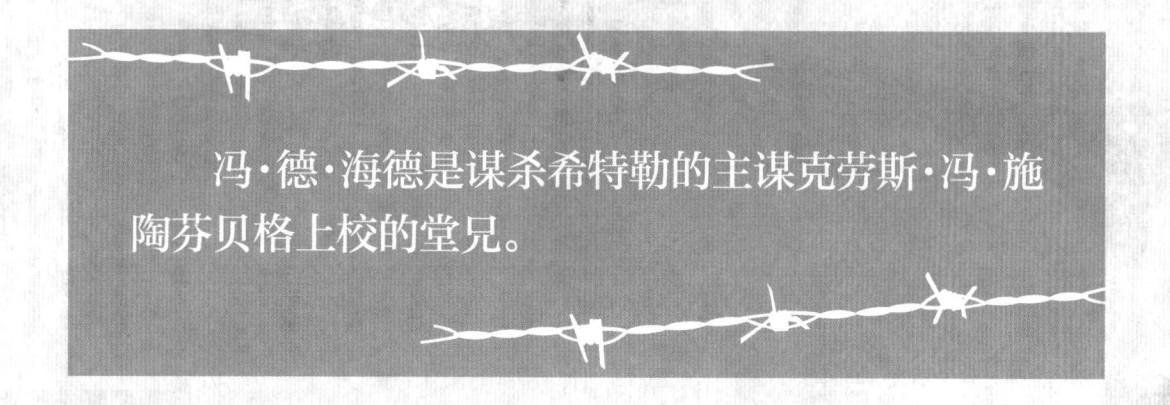

> 冯·德·海德是谋杀希特勒的主谋克劳斯·冯·施陶芬贝格上校的堂兄。

我们善待你们师的伤兵一样。"

党卫军第12装甲师未能在埃尔森伯恩岭突围,到12月20日,他们显然已经无法按计划抵达,解救深陷重围的德军伞兵。当然,他们的问题还不止于此。

食品和弹药消耗殆尽,他们只携带了只够维持24小时的补给,剩下的时间全靠救援部队的支持。夺取并守住路口现在显然已无可能,也毫无意义,所以冯·德·海德释放了其余的美军战俘(大约30人),率队前往蒙绍。他以为此时的蒙绍已经落入德军之手。

他们一直来到通往该镇公路附近的一条小溪旁,随后遇到了一个美军哨所。这个哨所是为了盯住德军,以防他们从树林里溜走。经过短兵相接的交火,德军迅速撤出了战斗。

这一地区到处都有盟军在活动。由于空投范围出人意料地分散,有关德国伞兵空降阿登地区的消息家喻户晓,导致美军认为他们所遭遇的德军比实际规模要大得多。一个由3000人组成的整编步兵团和一支装甲作战部队被派去搜寻他们认为的德军空降师部队。

别无选择,冯·德·海德将部队分成3组,命令他们潜回德军防线。虽然大约100名伞兵成功归队,但饥肠辘辘、遍体冻伤的冯·德·海德很快被迫去敲当地百姓的家门,直到有人让他进屋。随后,他向美军发去降书。空降任务彻底失败。

1944 年 12 月
阿登战役中的德军伞兵

作为"老兵",这名伞兵头戴的是德军空降专用头盔,而参与阿登战役的两个德军空降师新兵则戴着标准作战钢盔。他的头盔上覆盖着一张细绳网,可以上插树叶和树枝以掩饰头盔轮廓。内衬一顶羊绒保暖无边帽。战争打到这个阶段,跳伞服已消耗殆尽,但像鹰隼行动这样的特殊行动除外。因此,他披上了 1942 年首次配发空军野战师的、由碎片迷彩材料制成的作战服。不过,裤子是由棉线和人造丝混纺而成的软垫式,系曾用作"三型"跳伞服的棕色水纹迷彩服。系着军官腰带,佩戴全套步兵突击包,里面装有饭盒、成卷防水布、面包袋、工兵铲,还有德国空军蓝灰色盖毯、水瓶和防毒面具。脖子上挂着一副双筒望远镜,旁边是手电筒。携带"二战"中最引人注目的单兵武器之一 FG42 型伞兵步枪,其导气式自动原理和允许单发或自动射击的开闭膛击发装置,为战后大多数自动步枪所仿效。(1):FG 42 型伞兵步枪及其盒式弹匣①a和枪刺①b;(2):如上所述的步兵突击包;(3):15 厘米(5.9 英寸)直径的"铁拳"(Panzerfaust)60 型反坦克火箭弹。

为前线步兵提供轻型但有效的反坦克武器是一项重大挑战。1943 年,莱比锡的雨果·施耐德(Hugo Schneider)兵工厂推出了第一款实用"一次性产品"设计,即便于快速生产、造价低廉的"铁拳"30 型火箭筒。简单的中空钢管里装有推进炸药、一个撞击式击发装置和一个简陋的瞄准镜。瞄准镜起到了安全锁扣的作用,防止意外按下击发键。前端插入一枚直径 15 厘米(5.9 英寸)的火箭弹,弹柄上装有可在飞行过程中弹开的折叠翼片。

仅德军步兵团中的"坦克猎人"连就携有 54 个"铁拳"反坦克火箭筒,足以歼灭一个美军坦克营。(4):绰号"烟囱"的直径 8.8 厘米(3.5 英寸)的 RPzB 54 型反坦克火箭发射器,它是整个"二战"中最有效的步兵反坦克武器。

与"铁拳"不同,RPzB 54 不是"用完就扔",而是可以重新填弹④a,由扳机/握把机构中的磁电驱动装置点火。"烟囱"发射需要两人合作:一人负责瞄准、开火,另一人负责装填火箭弹。然而,由于制造耗时、成本高昂,RPzB 54 从未大量投产。

·49·

眼见毫无胜算，大部队和坦克歼击车都转移到了马尔梅迪。

摧毁：1945年1月，一些比利时平民正在围观一辆被美军在斯塔沃洛战斗中摧毁的德军皇家虎式6型坦克

派普挥师西进

随着党卫军上级突击队大队长派普的战略选项收窄，
德军开始快速进攻

1944年12月18日清晨，派普战斗群挥师向西，朝着比利时小镇斯塔沃洛（Stavelot）进军。驻守该地区的美军的猛烈抵抗以及他们被迫撤退时对桥梁和存储燃料的摧毁减缓了德军的推进速度，从艾弗尔到斯塔沃洛一路上耗去了36个小时，而在1940年，德军只用了9个小时便走完了全程。斯塔沃洛遭袭是盟军预料之中的事。尽管马尔梅迪似乎是德军的主攻目标，但盟军还是决定派遣由保罗·索利斯（Paul J. Solis）少校率领的第526装甲步兵营的一个连和一个坦克歼击排前往增援斯塔沃洛。

燃烧的桥梁

前一天，盟军曾试图炸毁一座战略公路桥未遂。党卫军指挥官奥托·斯科泽尼带领的会讲英语的德国兵伪装成美国军人潜入该地区，破坏了这次爆破行动。12月18日盟军拟再度试爆，但因索利斯少校在河对岸设置路障而又一次推迟。两个步兵中队、一门57毫米反坦克炮和两辆坦克歼击车已经上路，但与派普战斗群狭路相逢，被迫撤退。

美军第1军团的主要燃料库就在斯塔沃洛附近，差一点儿被德军一支小股部队发现。索利斯少校通过设置路障迫使德军转向。德军找到了另外一条行进路线，于是全队转身离开。当他们开进小镇时，美军燃料已被转移。作为攻击矛头的德国伞兵到达了这座桥所在区域，但他们被迫躲避索利斯少校的57毫米反坦克炮。德军坦克接踵而至，尽管有两辆被美军坦克歼击车击毁，但其余坦克还是成功过桥，伞兵和党卫军装甲掷弹兵紧随其后。

炸桥良机转瞬即逝。眼见毫无胜算，索利斯

身陷重围的派普：德国党卫队首领海因里希·希姆莱（Heinrich Himmler）的私人副官约阿希姆·派普最终将他的手下带入死亡陷阱。德国联邦档案馆供图（183-R65485/CC-BY-SA 3.0）

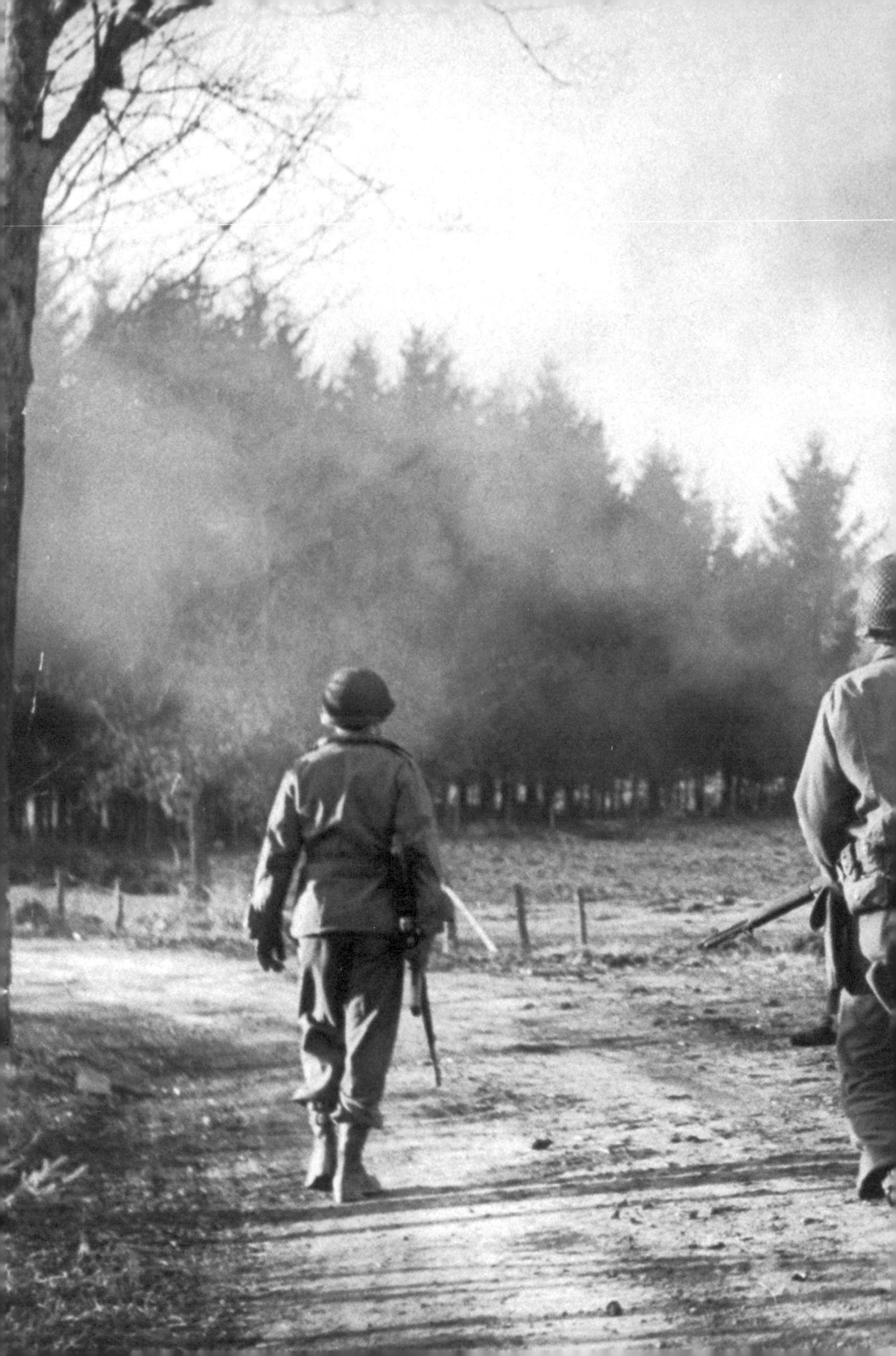

公路勇士：阿登战役伊始，一支美军巡逻队正在靠近一辆燃烧着的德国皇家虎式坦克。德军坦克手困在车里

> 工兵引爆了中桥和北桥，使派普指挥的坦克车无法从北部开进斯塔沃洛。

少校开始撤退。大部队和坦克歼击车都转移到了马尔梅迪，索利斯自己则去了斯帕。派普战斗群姗姗来迟，开进了斯塔沃洛。派普把大部队留在小镇，派出一支先遣队去夺取特鲁瓦蓬（Trois-Ponts）村附近的一座重要桥梁。这里距离默兹河仅25英里。此地是一个关键的道路交叉口，自然成为派普战斗群的下一个攻克目标。按照派普的说法，在夺取桥梁后，"当天长驱直取默兹河本来易如反掌"。

派普战斗群的缓慢推进使美军第1111战斗工兵大队指挥官安德森上校得以增援斯塔沃洛。第51战斗工兵营C连开始在3座桥上安装炸药。大约有140名工兵作业。他们装备的都是轻武器，且经验不足。

上午11时许，派普战斗群的第一辆豹式坦克驶抵铁路桥。57毫米反坦克炮实施近距离平射。尽管之前的实战证明57毫米反坦克炮对德军新型坦克没有杀伤力，但在这里，炮手们击中了德军突前坦克的炮塔下方，将其炸毁，初战告捷。他们成功阻止了德军大约15分钟的进攻，直到德军一辆装甲车瞄准目标，摧毁了美军反坦克炮，炸死了4名炮手。阵亡炮手们的行动赢得了宝贵时间，美军工兵引爆了中桥和北桥，使派普指挥的坦克车无法从北部开进斯塔沃洛。

天降死神

一队德国装甲车在伞兵协同下向南桥驶去。他们并不知道桥上已经放置了炸药，开始清除桥上的地雷。躲在暗处观察的盟军第291工兵营工兵看到了机会，引爆了炸药，摧毁了桥梁，炸死了桥上的德军。选择另一条线路的派普很快也开始走投无路。

不过对派普来说，幸运的是昂布莱沃（Ambleve）河上还有一座桥。假如他的部队绕道向北经过拉格莱兹（La Gleize）村，沿着这条路到达另一个叫舍努（Cheneux）的村庄，那么他就可以穿过那里，经过特鲁瓦蓬村，向下一个目标默兹河挺进。

在撤离之前，一群党卫军士兵向当地比利时公民大肆发泄他们的愤懑，杀害了25名他们所称的亲美者。据一名目击者后来回忆，被子弹打成筛子的尸体中有妇女和儿童，其中一个孩子只有6岁。

随着派普战斗群再次动了起来，盟军第9战术空军司令部指挥官奎萨达（Quesada）将军号召一直困在地面没能起飞的志愿飞行员不畏低云，飞上天空寻觅德军影踪。

两架F-6侦察机很快腾空而起。有时，他们会飞到云层之下，距离地面只有100英尺，终于在拉格莱兹村附近发现了派普战斗群。第365、第368战斗机大队的战斗轰炸机紧急升空发起攻击。P-47雷电战斗轰炸机接二连三投下500磅[①]炸弹，并向德军疯狂扫射。

虽然德军损失相对较小（约10辆坦克和半履带车被炸毁，少数德军伤亡），但持续两个小时的袭击和清除拦住去路的炸毁车辆，为盟军第291工兵营赢得了宝贵的作业时间。

别无选择

第1111战斗工兵大队指挥官沃利·安德森（Wally Anderson）上校在思考德军接下来要去哪里。德军已经逼近舍努，因此无法阻止他们通过，但如果德军向西朝维伯蒙（Werbomont，至少有这样的迹象）移动，那么他们就需要跨越另一条河，即列恩溪（Lienne Creek）。显而易见的渡河点是比利时小村庄哈比蒙（Habiemont）附近的那座桥。

由于大多数A连的工兵都在马尔梅迪或特鲁瓦蓬，因此只有少数人能够对这座新桥进行爆破作业。当他们安装爆炸物时，一个从特鲁瓦蓬撤退下来的工兵车队从这通过，后面跟着一些平民难民，派普的先导坦克尾随其后，但幸好桥梁被及时炸毁。

派普随后挥师向北移动，在拉格莱兹和斯图蒙之间的树林中停止前进。美国增援部队随后赶到，很快德军便与美军第30步兵师和第82空降师交起火来。

听闻马尔梅迪和特鲁瓦蓬发生的血腥屠杀之后，美军急于向施暴者复仇。随后的战斗极其残忍野蛮，德军失去了赖以取胜的凌厉攻势。

---

① 1磅约0.4536千克。

1944年12月17日
阿登进攻：派普战斗群

  阿登战役中最鲜活的一幕堪称虎王坦克（King Tiger tanks）在比利时边境的雪松森林中挺进的景象。1944年12月17日上午，一名德军战地摄影师拍摄的一系列照片使这一景象成为永恒。在许多关于这场战役的叙事中，都在标榜派普战斗群的装甲之矛在美军防线上的横冲直撞。但事实上，这些照片也凸显了德军攻势背后的潜在问题。由于在比利时狭窄的乡间公路上移动困难，事故多发，因此，第501重型装甲营的虎王坦克①并没有成为德军进攻的先锋，而是为派普战斗群殿后。派普的尖刀是可靠、敏捷的四号中型坦克。

  虎王坦克部队身着别具一格的精锐空降兵迷彩服②。长期以来，美国陆军一直把他们视为德国最优秀的轻步兵。这支部队，即德军第3空降师，曾在诺曼底与美军作战并赢得了令人闻风丧胆的声誉。然而，到1944年12月，他们已是强弩之末，成为昔日辉煌的惨淡倒影。在1944年夏季的战斗中，该师几近全军覆没，随后又网罗冗余的空军地勤人员和新兵进行了重

建，而要是在往日，这些人绝对会被这样一支精锐部队嗤之以鼻。不过，该师的真正问题在于其指挥能力，其中许多部队的指挥官都由缺乏作战经验的空军参谋人员担任。

12月16日，该师的一个空降团在兰策拉特村被美军一个步兵排阻击了一整天，派普战斗群推进被迫推迟了24小时，从而清楚地表明这支部队已日薄西山。盛怒之下的派普亲率一个空降营来增援自己的部下。空降兵步行无法跟上部队行进速度，所以派普让他们坐上虎王坦克的后部。路边燃烧的M4型坦克③是派普战斗群坦克部队早前的牺牲品。阿登战役初始阶段，虎王坦克几乎没有遭遇什么战斗。结果只有少数几辆虎王坦克途经斯图蒙到达拉格莱兹，派普战斗群最终被美军困住。

这张插图绘自12月17日拍摄的一张著名照片。自1944年秋季始，虎王坦克披上了典型迷彩"伏击图案"，在常见的三色迷彩图案上绘上一些小点。伞兵们身穿独树一帜的跳伞服，头戴独具特色的窄边头盔。（霍华德·杰拉德撰文）

北部攻击 畏缩不前

尽管派普战斗群拼死抵抗，但盟军还是成功夺回了斯塔沃洛，德军突破无望

到1944年12月19日上午，德军的进攻势头已经锐减。第6装甲军指挥官赛普·迪特里希引起了上司的震怒。莫德尔元帅和冯·伦德施泰特元帅，尤其是希特勒，想知道为什么他的党卫军精锐部队无法按计划实施进攻（派普战斗群除外）。冯·伦德施泰特甚至都想取消这次袭击。

"我们并没能完全实现最初计划的出其不意。由于道路结冰和到处受阻，根本谈不上什么兵贵神速，不得不全副武装地苦苦等待。"莫德尔想通过对原计划进行一些调整来完成推进，而希特勒执意不做任何改变。美军最高指挥层则较为乐观。在西线盟军最高指挥官艾森豪威尔看来，

"敌人给了我们一个千载难逢的良机……不必逐个拔掉齐格菲防线（Siegfried Line）上的碉堡了。如今我们可以在准备进攻的同时，通过防守默兹河来打败他们。"

增援部队

艾森豪威尔也相应对其指挥体系进行了重新洗牌。德军的推进破坏了他的指挥系统。第12集团军群指挥官奥马尔·布拉德利将军发现他在南部很难控制其在突出部以北的部队。艾森豪威尔决定划分战场，让布拉德利负责德控区以南地区，将包括布拉德利的第1、第9集团军在内的

战场概览：德军进攻锋芒渐失

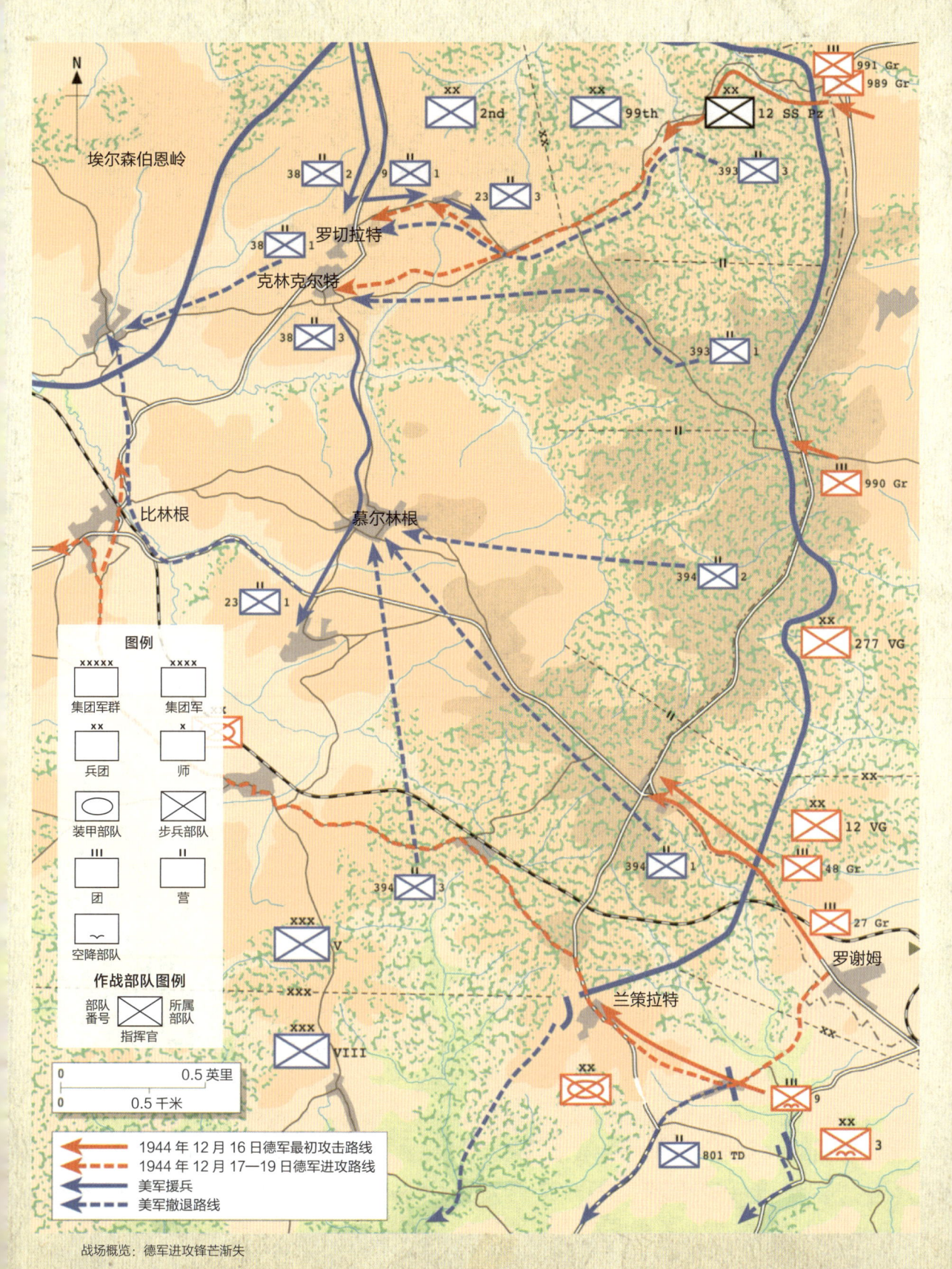

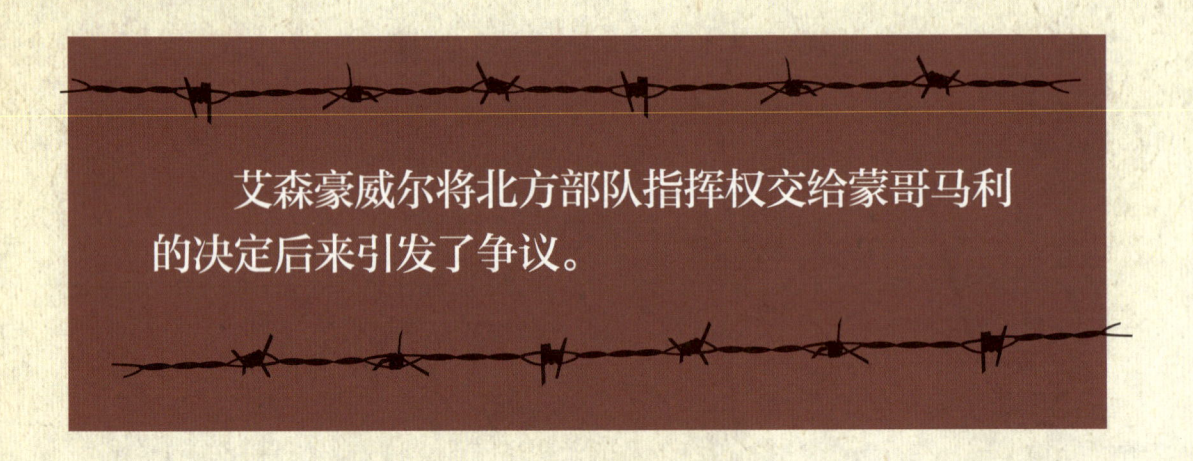

> 艾森豪威尔将北方部队指挥权交给蒙哥马利的决定后来引发了争议。

北部地区部队指挥权交给蒙哥马利元帅。这一决定并没有得到所有美军指挥官的认可。尽管当时由于消息闭塞而没有人尽皆知,但后来却引发了极大争议。

与此同时,派普利用党卫军第 2 装甲掷弹团的步兵发起对斯图蒙的进攻,随后是一波坦克攻击。在与美军一个坦克营战斗了两个小时后,上午 10 时 30 分许,斯图蒙镇最终被德军攻克。在东部,盟军重新夺回了斯塔沃洛,而一支试图夺回它的德军部队却铩羽而归。鉴于派普战斗群缺少从斯图蒙向西推进的燃料,派普将先遣部队撤回村庄。

大批美军增援部队现在正陆续赶到。几个月前,詹姆斯·加文(James Gavin)中将的第 82 空降师在难逃失败的市场花园行动中扮演了关键角色,当下正沿着派普经拉格莱兹直插默兹河的预定行进路线布防。由于党卫军第 1 装甲军团无法取得突破,德军增援派普战斗群的图谋未能得逞。来自埃尔森伯恩岭的美军炮火迫使前进中的第 6 装甲军掉头向西而非西北,从而占用了冯·曼托菲尔将军的第 5 装甲军行进道路,造成交通严重拥堵。冯·曼托菲尔率部移动较为顺利,他的 3 个装甲师在圣维特和巴斯托涅(Bastogne)之间向西运动。

重大伤亡

美军炮兵给德军造成了重大伤亡。党卫军高级军士卡尔·莱特纳(Karl Leitner)在回忆 12 月 21 日的炮击时说:"我和中士跳进了沟里。10 分钟后,一枚炮弹落到我们右侧,可能炸到了一棵树。中士肺部受了重伤,他大口喘着气,没过一会儿就死了。一块弹片崩进我的右臀。随后,又一枚炸弹在身后的树旁爆炸。一块弹片击中了我的左脚踝,还有一些零碎弹片击伤了我的右脚和脚踝。我藏到死去战友的身下,另一枚炮弹的弹片击中了我的左臂。"不过,派普战斗群仍在继续战斗。

12 月 21 日,美军第 119 团第 2 营发起进攻,但被德军击退,指挥官哈尔·麦考恩(Hal McCown)少校和大约 300 名士兵被俘。他后来说:"令我感到惊诧的是派普战斗群中的年轻人。他们大多十八九岁,虽是近年征召入伍,但数年对苏作战使他们得到了锻炼……他们士气高昂,军纪很好……官兵之间的关系比我想象的要亲密友好得多。我多次亲眼看到派普上校用手拍打全副武装的士兵后背以示鼓励。"

美军第 82 空降师发动反击，很快便展开了挨家挨户的激烈清剿。派普预计增援部队将在拉格莱兹集结，于是将远在西边的部队撤回镇里。12 月 22 日，派普战斗群再次遭到炮击，当时他们已经食不果腹，燃料消耗殆尽。正如人们事先预料的那样，补给短缺严重影响了队伍的开进。

12 月 22 日黄昏之后，德国空军试图为派普战斗群提供空中补给。威廉·蒙克（Wilhelm Mohnke）将军对派普提供的坐标提出质疑，坚称它们是错误的，结果大部分补给物资空投到了斯图蒙附近的美军防线后方，空降效果极差。派普估计，他的部队只回收到大约 10% 的空投物资。

撤退

蒙克将军的第 1 装甲师试图与派普协同，让他的部队跨过昂布莱沃河，但桥梁被毁，行进受阻。同时，美军第 117 步兵团的迫击炮火逼迫他们仓皇折返，伤亡惨重。派普战斗群的境遇每况愈下。正如派普后来所说的那样："我们在拉格莱兹的处境变得十分艰难。这个小镇群山环抱，为敌人提供了绝佳的炮兵观察点。森林离小镇咫尺之遥，为步兵进近作战提供了很好的路径。仅仅几天时间，整个小镇就被炸得遍地瓦砾。"

增援部队显然无法很快突破，因此派普于 12 月 23 日撤回德军主要防线。派普战斗群的大部都全身而退，但他们不得不丢下大量辎重。袭击行动完全终止。

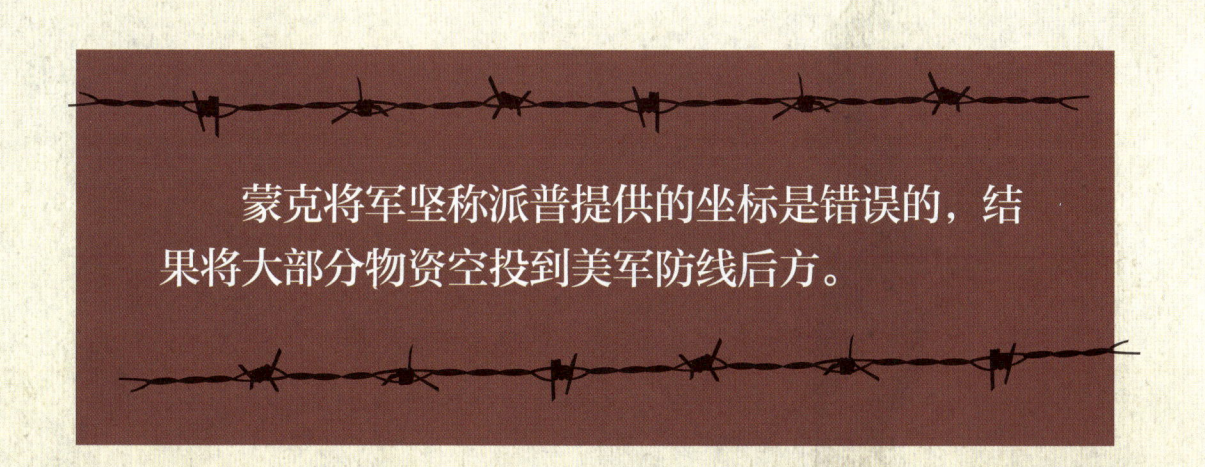

> 蒙克将军坚称派普提供的坐标是错误的，结果将大部分物资空投到美军防线后方。

警戒：一名美军步兵在比利时小镇拉格莱兹对一辆被击毁的德军坦克实施警戒

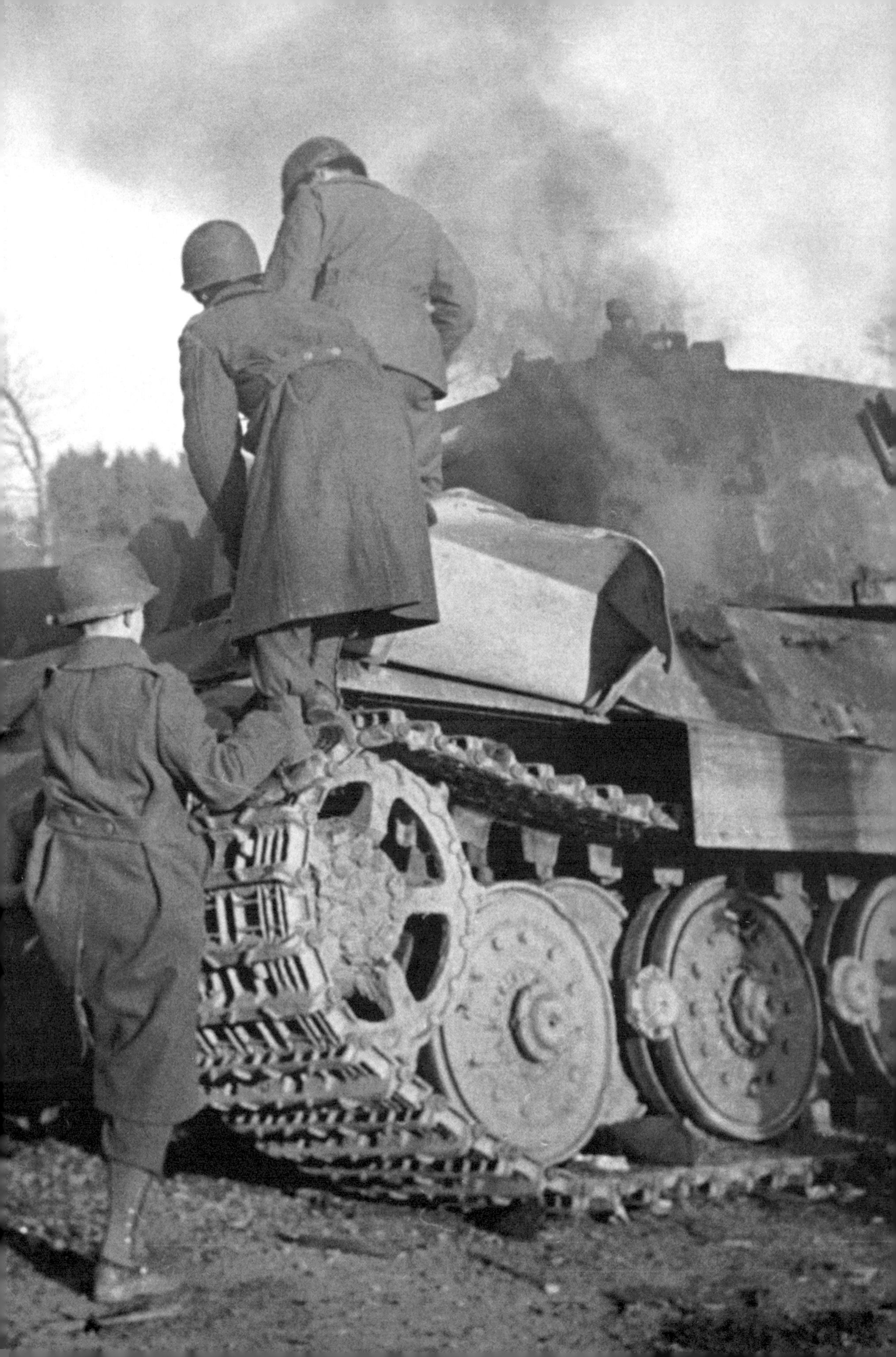

中部和南部战区

尽管阿登战役的北部突击行动没有按照德军计划进行，但中部和南部却推进得相当顺利

在施内-艾弗尔地带，冯·曼托菲尔将军的第5装甲军向美军第28、第106步兵师的阵地发起了进攻。冯·曼托菲尔部下与部署分散的美军步兵相比人多势众，但他并不具备德军在遥远北部所拥有的压倒性实力。

德军通过钳形攻势一举包围了来自第106师的两个缺乏经验的新兵团。美军误解了在局面无法维持时撤离该地区的命令，他们的投降不可避免。

据美国陆军正史记载："在此至少损失了7000名（美军士兵），实际数字可能接近8000或9000人。当然，武器装备的损失也十分惨重。因此，施内-艾弗尔战斗表明，1944—1945年美军在欧洲战区蒙受了最为严重的逆袭。"

守株待兔：在德军进攻圣维特镇期间，第7装甲师的6名美军士兵在巡逻

圣维特之战

德军在对圣维特镇具有重要战略价值的交叉路口策动大规模进攻时，部署了10000名士兵和200辆坦克

美军第106师的幸存团与第9装甲师和第28步兵师一起保卫圣维特。这是一处具有重要战略价值的交叉路口，有6条要道在此交会。它是冯·曼托菲尔的主攻目标，非常接近迪特里希第6装甲军驻防区域的"边界线"。

虽然第28师身经百战，经验丰富，但在11月的齐格菲防线战斗中，其14000名有生力量损失近半，只好在阿登地区休整并招收新兵。

冯·曼托菲尔派出几支先遣部队乘船渡过乌尔河（River Our）。在那里他们建立了一个小桥头堡，为装甲部队的后续行动做准备。这可能是一次代价高昂的渗透。步兵没有火箭炮或坦克的支援，因此极易受到敌军装甲车的攻击。不过，毕竟桥头堡得以建成，黎明前的炮火准备为挺进的德军坦克扫清了道路。美军第7装甲师在撤退的车流中挣扎着逆流而上，也前往增援圣维特。唐纳德·博耶（Donald Boyer）少校坐在突前坦克营后面的吉普车里，回想起这混乱的一幕仍唏嘘不已。

"当我们到达交叉路口时，眼前的景象简直令我们难以置信。源源不断的车流向后方奔涌，没有人逆流而上。真是人不为己，天诛地灭啊。这与其说是撤退还不如说是溃败。"

一度被堵在路上的他只好开着一辆谢尔曼坦克，迫使溃散的汹涌车流让路，为第7装甲师开道。12月17日晚8时15分，他们终于抵达圣维特，3英里的路程花去了两个半小时。

圣维特的美军由布鲁斯·克拉克（Bruce C.Clarke）将军指挥。他是纽约人，功勋彪炳，

经受过第一次世界大战的战火洗礼。没过多久，他的勇气和军事才能就再次派上了用场。

德军第 2 装甲师发起了对圣维特的进攻。他们原本打算于 12 月 16 日凌晨利用德军工兵建造的两座桥梁渡过乌尔河，但因为设备没能及时到达，也没有按照正确的顺序到达，所以直到下午晚些时候他们才跨过乌尔河。冯·曼托菲尔勃然大怒。提早占领圣维特是阿登战役的关键一步，而德军的推进速度显然已经落后于计划。

在逼近圣维特镇的途中，德军拿下施泰因布吕克（Steinebruck），进而得以跨过乌尔河上的桥梁。圣维特以东 6 英里的勋伯格（Schoenberg）的陷落让另一座桥梁落入德军之手。但在科布谢德（Kobscheid），第 18 骑兵侦察中队用铁丝网围住了这个村庄，他们坚守了一天，随后摧毁了车辆，撤退到圣维特。

第一天结束时，由于美军的抵抗，加之恶劣的天气，德军大部分装甲部队仍滞留在乌尔河的对岸，推进极为缓慢。

坦克对决

美军第 7 装甲师的罗伯特·哈斯布鲁克（Robert Hasbrouck）准将把部队部署在镇周围 32 英里长的马蹄形防线上。守军主要由第 7、第 9 装甲师组成，第 106 师（金狮军团）第 424 团提供策应，该团两个姊妹团被包围在施内－艾弗尔地带，第 28 师的一个团在防守通往巴斯托涅（德军的另一个战略目标）的道路时伤亡惨重。特洛伊·米德尔顿第 8 兵团的残部也参与了该镇的防御。

当德军先遣豹式坦克部队抵近时，一辆谢尔曼坦克直接命中了突前的坦克，迫使德军其他坦克向后退却，但很快又卷土重来，对小镇发起猛烈攻击。这是一场令人沮丧的战斗。德军豹式和虎式坦克威力远胜过美军的谢尔曼坦克，在直射对决中占尽了优势。然而，正如任何坦克指挥官都清楚的那样，决定坦克战胜负的绝不仅仅是火力的强弱。谢尔曼坦克的性能比德军制式坦克更加可靠。正如军事历史学家史蒂文·扎洛加（Steven J. Zaloga）指出的那样："人们普遍认为，豹式坦克与谢尔曼坦克相比，杀伤比为 5:1，或者说需要 5 辆谢尔曼坦克才能击毁一辆豹式坦克，但这是没有史实依据的。坦克对决的输赢往往取决于战术而非技术。"

> 第一天结束时，大部分德军装甲车仍滞留在河的对岸。

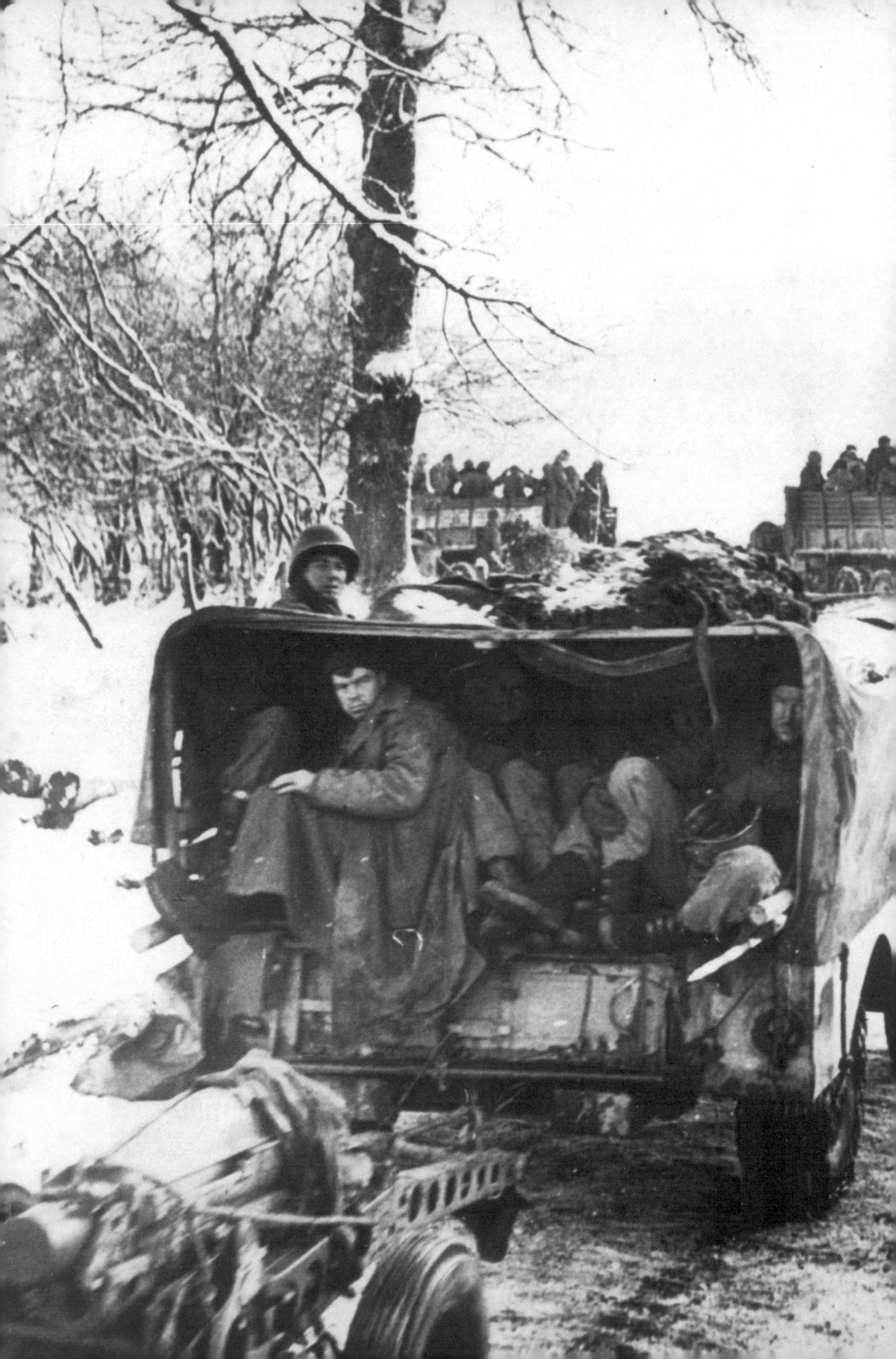

奔赴前线：美军第 1 军团的车队前往圣维特，在福斯（Fosse）附近穿越比利时

> 眼前的景象简直令我们难以置信……这与其说是撤退还不如说是溃败。
>
> ——唐纳德·博耶少校

严阵以待：1944年12月20日，3辆M4型谢尔曼坦克在圣维特附近就位

> 这是一场小人物的战争……他们才是决定胜负的人物。
>
> ——冯·曼托菲尔将军

除此之外,扎洛加认为坦克乘组的经验等其他因素也会起到不可或缺的作用。"乘组训练是坦克交战的一个重要组成部分,因为经验丰富的指挥官更容易首先发现敌人,训练有素的乘组配合更加默契,也更容易先发制敌。炮手的射击精度更高,更容易首先命中敌人坦克。结果,参与伏击的美军普通坦克中的平凡乘组战胜了长驱直入的德军非凡坦克中的优秀乘组。"

凭借这些综合因素,美军成功阻击了进攻的德军达3天之久。克拉克将军命令坦克部队采取侧翼射击和伏击的战术,而非陷入与德军坦克的正面冲突。这一战术非常奏效,但随着时间的推移,他的坦克越打越少,而德军正在开始试探性攻击,准备发动一次猛攻。防守部队虽然勇猛顽强,但防守任务十分艰巨。纳森·杜克(Nathan Duke)上尉还记得当时美军作战任务的可怕。

"88毫米高射炮、迫击炮和嗡嗡弹(buzz bombs)真叫吓人。和其他大多数人一样,我也吓得要死。我很羡慕那些躺在担架上被运往后方的人。尽管饥肠辘辘,天寒地冻,不过士气还好。"

到12月21日,德军已经做好了对圣维特发动大规模进攻的准备。下午3时左右,该镇以东的炮兵开火以支援10000名士兵和200辆坦克。美军炮兵伤亡惨重。一名被困在散兵坑中的年轻步兵回忆道,许多人慢慢死去。

"机枪子弹射进戈登的左大腿,从右腰部穿出。他告诉我,他腹部也有贯通伤。我们被困在散兵坑里,与外界隔绝。我俩都清楚他活不了了。我们没有吗啡,没办法给他止痛,所以只能设法把他打晕。我摘下他的头盔,抬起他的下巴,用力去打,因为他一心求死。见不管用,我用头盔猛击他的脑袋,结果还是没用……他慢慢地冻死了。"

下午4时,德军大举进攻,占领了美军的防御阵地。由40~50人组成的突击队在坦克和自行火炮的支援下,缓慢地进入小镇。第506重型装甲营的虎式坦克从勋伯格公路发起攻击,歼灭途中遇到的所有谢尔曼坦克和机枪组。到目前为止,美军第7、第9装甲师损失的坦克已经过半。晚9时30分左右,克拉克将军下令撤退到萨尔姆(Salm)河附近小镇后面的高地,随即在那里形成了一条新的防线。大约15000名士兵得以撤离。虽然有人被俘，但总体来讲，枪林弹雨下的撤退这一最为困难的军事行动还是执行得非常到位。在向猛扑过来的敌人投降之前，医护人员一直在尽力照顾着伤兵。

包括迪特里希第6装甲军在内的德军潮水般涌入圣维特。他们开始劫掠美军装备，吉普车成了抢手货。

圣维特一仗，双方都付出了高昂的代价。大约5000名美军在保卫小镇和向西撤退的过程中阵亡、受伤或被俘，仅第7装甲师就减员3300多人，损失坦克88辆。德军的伤亡人数也相差无几。不过，尽管圣维特已经失守，但直到12月23日，即阿登战役的第8天，小镇才最终陷落。

在阻击德军夺取圣维特交叉路口时，守军阻止了德军增援部队穿插其他突围地区，使他们没能向默兹河前进一步。

在1965年制作的一部纪录片中，冯·曼托菲尔将军向交战双方士兵致敬。"这是一场小人物的战争，前哨指挥官、分区指挥官以及连指挥官才是战争中的关键人物。他们决定了战争的成败与胜负。"

"我们依靠他们去英勇作战。战场上容不得他们糊涂。在上级指挥官无法发号施令时，他们必须听从自己的决定行动。我觉得我可以说，我也有权做出这样的判断，德军在这方面做得可圈可点。"

"不过，与此同时，我确信美军也毫不逊色。他们毕竟成功打乱了德军的计划，不仅是攻击圣维特的德军，还有德国第5、第6装甲军。这是一个不可否认的事实。"

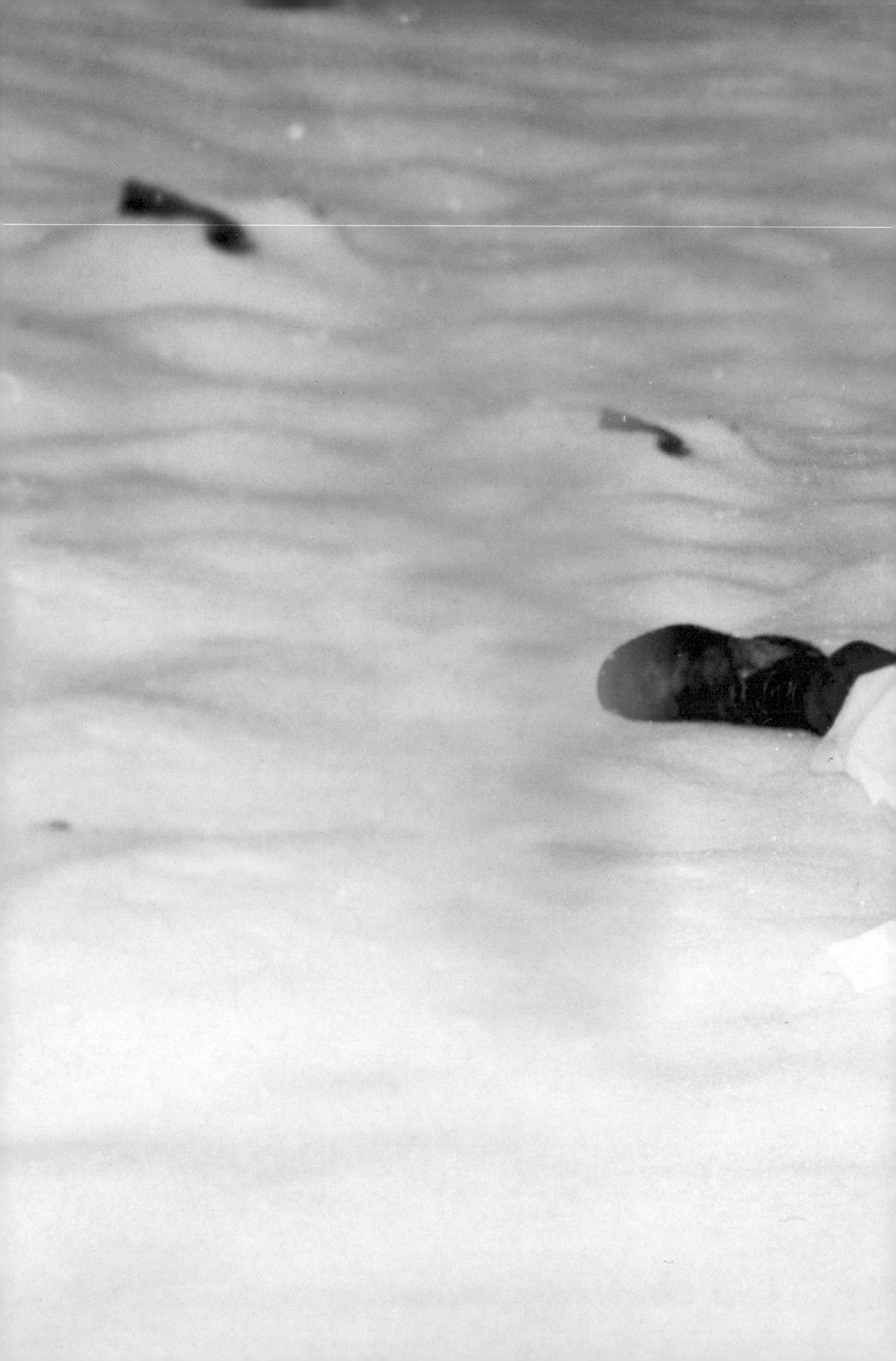

伪装：一名士兵埋伏在圣维特白雪皑皑的战场上

1944年12月21日
圣维特马蹄形防线

　　布鲁斯·克拉克将军防守圣维特的战术是利用坦克部队的机动性和火力，尽可能长时间地阻击德军。美军装甲师的步兵力量薄弱，每个师只有3个步兵营。虽然他们可以进行防御，但无法进行纵深线性防御。因此，在圣维特的美军坦克和其他支援部队要尽可能长时间地坚守阵地，然后再退回到更具防御能力的阵地上。

　　图中可以看到克拉克部队被迫撤离小镇时，两辆M4中型坦克在圣维特郊区进行后方警戒行动。M4中型坦克是一种耐用、可靠的设计，但到1944年冬季，在直面新式的德军装甲车（如五号豹式坦克）时已经相形见绌。

　　与1944—1945年爆发的大多数战斗一样，圣维特战斗中也鲜见坦克对决，M4中型坦克通常用于同德军步兵作战。其间，许多经验丰富的坦克手更喜欢装备75毫米火炮①的老式M4，而不是1944年夏天推出的配备76毫米长管火炮的新款坦克。

　　尽管76毫米长管火炮在对抗豹式坦克时更加有效，但与老式75毫米火炮相比，它所发射的是一种普通的高爆性炮弹，而老式火炮的高爆炸药量几乎是新款的两倍。

　　M4中型坦克的一个突出问题是它的中型装甲，该装甲自1942年首次亮相以来就从来没有

加厚过。虽然有些坦克部队已经开始在他们的谢尔曼坦克上添加沙袋或其他形式的简易装甲，但这在美军第 7 装甲师中还不常见。事实上，该师在夏季和秋季使用过沙袋，但当克拉克接手指挥时，他下令拆除所有沙袋和伪装网。和巴顿第 3 集团军的许多老兵一样，他觉得沙袋防护效果不佳，而且对坦克的机动性也有影响。

图中背景里的坦克遭到炮击，可以看到乘组人员②正在逃生。在 1944 年后期的战斗中，美军坦克损失的最常见原因之一是德军广泛使用了"铁拳"单兵反坦克武器。这是一种小型一次性火箭发射器，专供发射聚能榴弹。它能穿透 M4 的装甲，但精度不是特别高，必须近距离发射，使得使用者非常易受攻击。果真能够命中的话，很有可能引爆 M4 车载弹药。谢尔曼坦克燃烧并非因其使用了汽油发动机。作战研究得出的结论表明，弹药起火后大多数人都难逃厄运。通常情况下，反坦克炮弹的炽热金属弹片洞穿弹药推进剂的黄铜外壳后会引燃大火。约 30 秒过后，推进剂的火焰才会蔓延到邻近的弹药上，一旦发生这种情况，坦克内部就变成了一座高炉。乘员很快就能明了，一旦自己的坦克被击中，外逃是唯一的选项。（霍华德·杰拉德撰文）

阿登战役中的德军装备

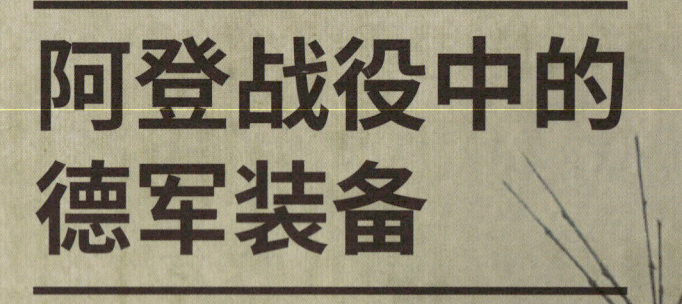

德军装甲部队在阿登战役中发挥了关键作用，因为希特勒的这次最后攻势依赖高机动坦克师来突破盟军防线，进而直插英吉利海峡以割裂英美军队

四号装甲观察车

装甲观察车（Panzerbeobachtungswagen）是四号坦克 J 型的改进版。变化包括用突击炮（Sturmgeschütz）替换圆形指挥炮塔，配有额外无线电设备。当主炮塔舱门关闭时，突击炮塔可使用剪式潜望镜。这一时期装配厂交付的四号坦克已经应用迷彩伪装，其中包括薄薄一层红色（编号 RAL8012）底漆，约 50% 的底漆涂有细条纹和斑块图案，用棕褐色（编号 RAL7028）漆涂出清晰轮廓，用墨绿色（编号 RAL6003）漆涂上斑块。车轮总是保持单一颜色。

猎豹式驱逐战车

　　这辆猎豹式驱逐战车（底盘编号 303018）于 1944 年 11 月底或 12 月初在汉诺威工业机械制造公司（MNH）出厂，交付给参加阿登战役的重型坦克歼击营（Schare Heeres Panzerjäger-Abteilung）使用。美军将其缴获并运往马里兰州阿伯丁试验场，目前仍在那里展出。这辆特制的小型猎豹式驱逐战车装有小轮径惰轮，战斗舱排气扇安装在主炮上方。迷彩图案在出厂前就已喷涂完毕，部分覆盖了红色（编号 RAL8012）底漆。棕褐色（编号 RAL7028）漆涂竖条，两侧为白色（编号 RAL9002）漆成的细条。

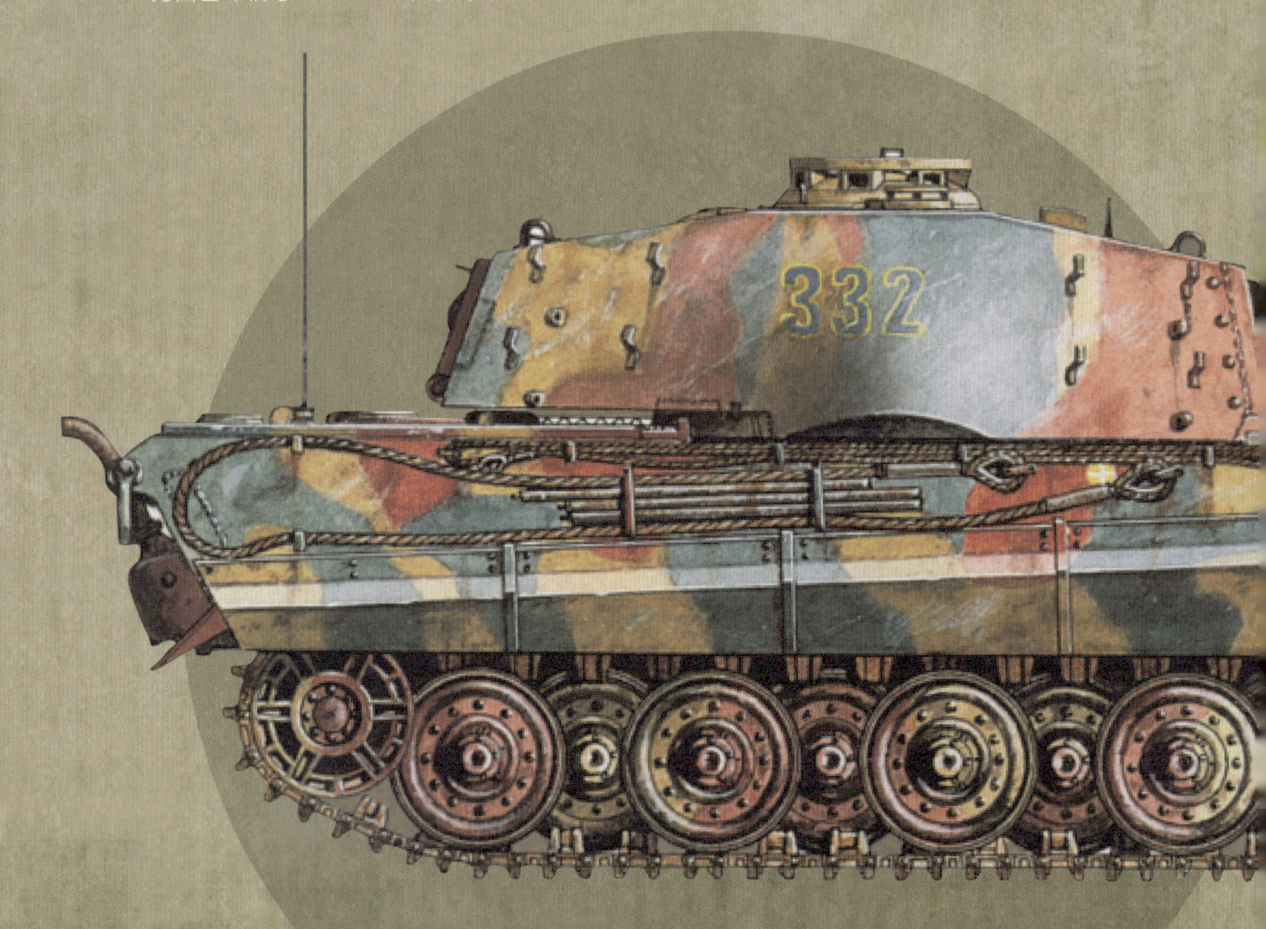

第 501 重装甲营虎 II 坦克

目前在美国马里兰州阿伯丁试验场展出的这辆虎 II 坦克是从德军第 501 重装甲营缴获的战利品。它最初配发给第 509 重装甲营，后来才移交给第 501 重装甲营，以配齐阿登战役所需的 45 辆虎 II 坦克。第 501 重装甲营并没有去除第 509 重装甲营涂在斜装甲板、尾板左上部和炮塔两侧的白十字、黄圆圈标识，同时涂上了用黄色勾勒蓝色的呼号号码，但号码宽 5 厘米，而不是规定的 3 厘米。底漆为红色，覆有棕褐色和墨绿色的斑块，绿色覆盖面较大。

卫若斯大屠杀

党卫军对号称"卫若斯11壮士"的非洲裔美国军人犯下的暴行

1944年12月17日,圣维特战斗愈演愈烈。在圣维特东北约10英里的比利时小镇卫若斯(Wereth),党卫军犯下滔天暴行。这发生在马尔梅迪大屠杀的同一天,但鲜为人知。

直到1948年,美国军队一直实行种族隔离。第333野战炮兵营是第二次世界大战期间部署到欧洲战场上的9个非洲裔美军野战炮兵营之一。1944年7月,这支第155榴弹炮部队曾在诺曼底作战,以令德军谈虎色变的射击精度而闻名遐迩,后来作为美军第8兵团炮兵的一部分换防到比利时勋伯格。他们在乌尔河以西服役,A、B、C 3个炮兵连位于乌尔河以东,以支援陆军第7军团和第106步兵师。对于当时的非洲裔美军部队来说,军官通常是白人,士兵则是黑人。

荣誉

阿登战役之初,该营距离前线11英里,但鉴于德军推进速度,当德军开始炮击勋伯格地区时,该营奉命撤退。C连和勤务连负责殿后,为第14骑兵师和第106步兵师提供支援。

12月17日上午,德国人攻占勋伯格镇时,勤务连试图逃往圣维特,但遭到猛烈炮击,被迫投降,汇入了被押送回德国的美军战俘队列。

非洲裔美军作战英勇无比。据第333野战炮兵营士兵的后代罗伯特·哈德森(Robert Hudson)说:"美国虽然没拿他们当回事儿,但他们却把国家利益放在首位。他们大多是南方人,彼此之间都是朋友。他们骁勇善战,拖延了德军的进攻,进而帮助盟军一举扭转战局。"

躲藏

第333野战炮兵营的11名黑人士兵被困在河的东岸,与大部队失去联系。为躲避追捕,他们试图取道西北方向返回美军防线的安全地带。

在深雪中跋涉几个小时后,他们来到阿梅尔

（Amel）附近的小村卫若斯。他们敲开了农民马蒂亚斯·兰格（Mathias Langer）家的房门。

又冷又饿的他们只有两支步枪，但总算找到了一处避难之所，还受到了款待。兰格的儿子赫尔曼仍然记得，"他们浑身湿漉漉的，可以说饥寒交迫。妈妈和姐姐给坐在桌旁的每个人面前放了面包和水。"然而，在比利时这一地区，并非所有人都认为美国人是他们的盟友和解放者。这里一直是德国的一部分，直到第一次世界大战后作为战争赔偿割让给了比利时。许多当地人都自认为是德国人，尽管马蒂亚斯·兰格不是他们中的一分子。

当第333野战炮兵营的11名黑人来到兰格家时，他已经藏匿了两名逃离德军的比利时人。不过，世上没有不透风的墙。当克尼特尔（Knittel）战斗群党卫军第1师的一支4人巡逻队摸进村庄时，一名亲纳粹者告发了兰格家里藏着美国大兵的事。巡逻队毫不费力地控制住了这11个人。

屠杀

路旁的战俘们被迫在寒风中一直坐到天黑，然后被押解到田野里，接着就传来了枪声。第二天，人们发现战俘尸体被抛进了养牛场角落的一条阴沟里，由于担心德国人随时会回来，村民没敢贸然搬动。天降大雪很快就把这血腥的景象掩盖得白茫茫一片。

次年1月，美军再次解放了这一地区，村民将他们领到弃尸现场。第99步兵师的士兵把他们挖了出来。很快就大白于天下的是，卫若斯11壮士（人们惯常的叫法）在遇害之前，曾受尽党卫军的折磨。面部和下颌多处骨折，腿骨断裂，头部刺伤。一些人甚至被砍掉了手指。一名战俘在试图为另一名战俘包扎伤口时被杀。虽说遭受了酷刑，但被俘的美国大兵没有供出德军中两个比利时的逃兵，也没有揭发兰格一家给予他们的帮助。50年后，玛丽亚·兰格（屠杀发生时17岁）告诉美国记者，他们的守口如瓶拯救了她全家人的性命。

> 让每个人都知道究竟发生了什么，这点非常重要。
>
> ——小哈里·斯图尔特

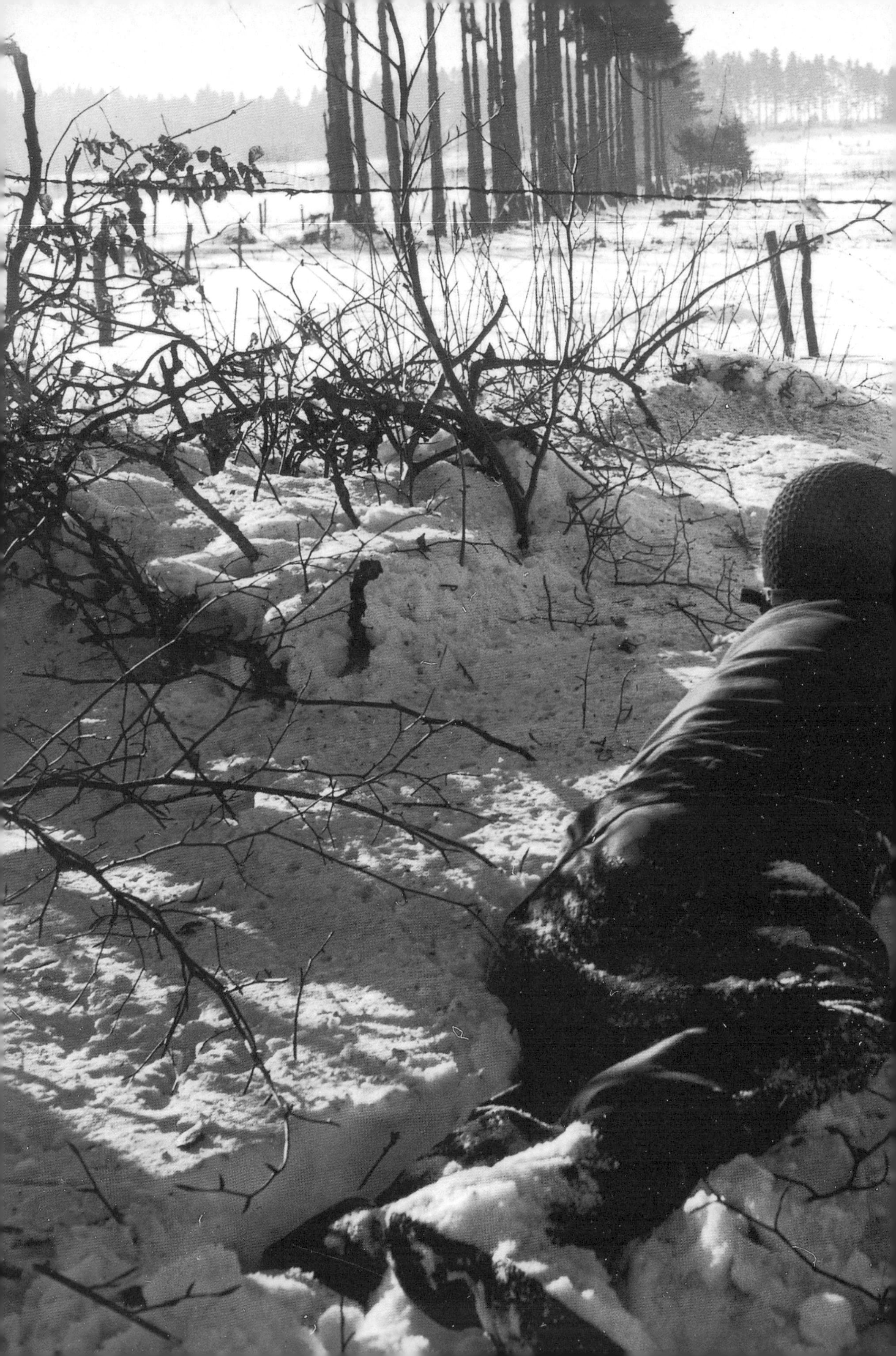

他们又冷又饿,只有两支步枪,但总算找到了一处避难之所。

▲ 战争犯罪现场：多年来，卫若斯村的林地隐藏着一个可怕的秘密。"二战"结束之后，11名美军士兵的遇害真相慢慢浮出水面

战争犯罪调查小组为战俘尸体拍照留作证据,并旋即展开调查。然而,尽管从发现尸体的部队和藏匿尸体的当地人那里得到了证词,但令人沮丧的是,凶手的身份仍然无法确定。

从未有人因对卫若斯 11 壮士实施酷刑和杀戮而受审。小哈里·斯图尔特（Harry Stewart Jr）是卫若斯 11 壮士之一、中士詹姆斯·奥布里·斯图特（James Aubrey Stewart）的曾侄。直到 1996 年,家人们才清楚到底发生了什么。他们对事件调查没有什么印象。

小哈里·斯图尔特说:"有太多的东西被掩盖起来,但让每个人都知道究竟发生了什么,这点非常重要。"1947 年 2 月 19 日,对卫若斯 11 壮士大屠杀案的调查告一段落。

永志不忘

2001 年,一些比利时活动家筹集资金买下了这块土地,准备为卫若斯 11 壮士竖起一座纪念碑,以取代 1994 年由藏匿战俘的农民之子赫尔曼·兰格放置的一个小十字架。2004 年,以最高军事荣誉举行了落成典礼。据信,这是整个欧洲唯一一座纪念非洲裔美国军人的纪念碑。

2007 年,驻德美军第 5 通信司令部司令丹尼斯·维亚（Dennis L. Via）准将在卫若斯 11 壮士纪念仪式上敬献花圈。他说:"1944 年 12 月 17 日发生的事情应当永远记取。然而,我们今天在这里集会,不是为了执迷罪恶和痛苦,而是为了缅怀这 11 名美军壮士的英勇人生。"

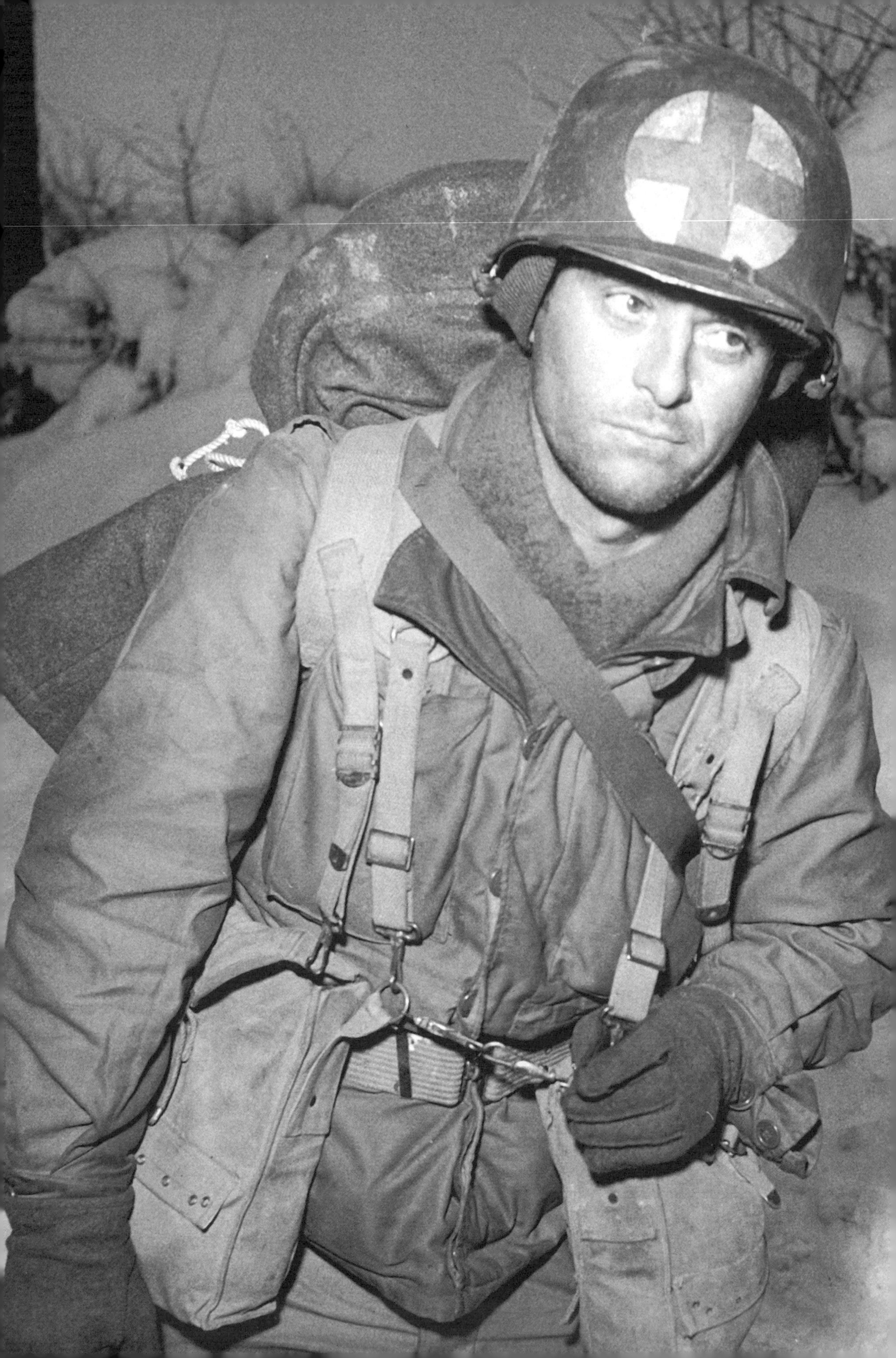

◀ 麻木：一名筋疲力尽的第 2 师 K 连的美国军医在齐格菲防线附近的雪地中跋涉

突袭默兹河

德军拼命前突，默兹河已经在望，但因战术拖延和运气不佳，进攻受阻

　　默兹河上的桥梁是德军进攻的主要目标，因此盟军需要尽快增援。由于大部队都投入到阻击前线德军突起部扩大的战斗中，这项任务便落到了盟军预备队和那些通常不安排参战的部队身上。12 月 19 日，统领英军预备队的蒙哥马利元帅下达保卫那慕尔（Namur）、迪南（Dinant）和吉维（Givet）渡口的命令。

> 子夜时分，德军装甲掷弹兵涉水过河，控制了桥梁周围的房屋。

尽管德军进攻部队距离默兹河还有很长一段路要走，但由于他们的进攻意图非常明显，因此保护桥梁至关重要。为完成这项任务拼凑而成的松散队伍由后方梯队士兵组成，包括文职人员、后援团队、宪兵和空军地勤人员。重新装备的英军第29装甲旅奉命奔赴该地区。12月20日，市场花园行动失败后驻防荷兰奈梅亨（Nijmegen）突出部的布莱恩·霍罗克斯（Brian Horrocks）中将指挥的英军第30军开始向默兹河进发，于次日到达。当时仍在英国的英军第6空降师移师相关港口，准备奔赴法国。

在德军进展最为顺利的突出部中心地带，他们几乎推进到了河边。第5装甲军以冯·劳赫特（von Lauchert）上校率领的第2装甲师为先锋，莱尔（Lehr）装甲师在后面支援。当主力部队在诺维尔（Noville）作战时，侦察部队继续前进。12月20日黎明前，他们从距默兹河约30英里的奥特维尔（Ortheuville）抵达乌尔特（Ourthe）河。那里的渡口有一座坚固的贝雷桥[①]（Bailey Bridge），足以让第2装甲师顺利渡过。

攻占桥梁

盟军第299工兵战斗营的一个排和第158工兵战斗旅的一个连在第705坦克歼击营的8辆坦克歼击车支援下被紧急运往该桥。他们设法在桥上安装了炸药，但幸运的天平偏向了德军一边。当德军侦察部队的开路轻型坦克到达时，工兵们试图引爆炸药，却未能起爆。盟军坦克歼击车只好摧毁了第一辆试图过桥的轻型坦克，迫使德军其余部队退后等待夜幕降临。晚间，德军卷土重来，用迫击炮和大炮轰击桥梁的守军。

子夜时分，德军装甲掷弹兵涉水过河，控制了桥梁周围的房屋。引爆再次失败，工兵们被迫撤退。桥梁虽已被德军攻占，但已于12月21日抵达的第2装甲师却无法利用，因为燃料已经用光。

在12月21日剩下的时间和22日全天，德军的袭击被迫停止，直到更多燃料得到补充。这使得盟军第84师得以赶到马尔什（Marche），在那里他们用树木拦阻了道路，并于撤退前在路上炸出了一连串深坑。

坦克加油后，12月23日恢复前进。第2装甲师的侦察部队绕过被阻断的道路区域，取道林间小径，然后再折回主路向默兹河进发。主力部队因清障耽搁了4个小时。同日，德军攻

[①] 1938年由英国工程师唐纳德·西·贝雷发明，是一种模块化的便捷钢桥。——译注

占了阿尔日蒙（Hargimont）镇，但发现马尔什防守严密。海因里希·弗雷赫尔·冯·吕特维茨（Heinrich Freiherr von Lüttwitz）将军没有为另一场战斗而推迟对默兹河的进攻。他命令全师调头向西，避开小镇。部队推进得非常顺利，只是行进的通道过于狭窄。

最西部地区的逼仄给前进中的德军带来了麻烦，因为这使得他们的侧翼暴露在盟军的攻击之下，莱尔装甲师在蒂耶（Tillet）村附近遭到美军炮兵部队的攻击时就发现了这点。

12月23日，由中校约阿希姆·里特·冯·波辛格（Joachim Ritter von Poschinger）率领的德军战斗群在补充燃料后抵近罗什福尔（Rochefort）。他派出巡逻队打探那里的防御情况，但巡逻队谎报军情称未见守兵。事实上，由戈登·巴赫（Gordon A.Bahe）少校率领的美军第335步兵团第3营早已潜伏起来。第3营据守小镇干道附近的制高点，利用小股部队和反坦克武器进行阻击，迫使德军连连后退。鉴于小镇的规模，巴赫少校无法顾及全镇的防御，德军趁机渗透进来，打起了巷战。美军最终撤走，他们的拖延战术再次奏效。

12月24日，莱尔装甲师的侦察部队抵达塞勒（Celles）村，突前的豹式坦克在十字路口触雷。爆炸声引起了当地客栈老板娘的注意。两个德国兵敲响了她家的门，问距离他们想要途经的迪南还有多远。她觉得撒谎毫无意义，便回答："10千米。"当被问及道路状况时，她顺嘴撒了个谎："美国兵在整条路上都埋了地雷。他们没日没夜地干，埋得到处都是。"

德军小心翼翼地摸索前进。虽然他们没有碰到地雷，却与挡住去路的英军第3皇家坦克团的5辆谢尔曼坦克不期而遇。谢尔曼坦克打算尽可能长时间阻止德军前进，以便争取时间炸桥。这无异于一次自杀式行动，料想不会有人生还。然而，英国人侥幸脱逃。

德军突进部队让英军坦克手大吃一惊，炮手还没来得及瞄准就开炮了。炮弹擦过德军先导坦克，歪打正着击中了后面的一辆弹药车。弹药车随即发生了爆炸。一辆燃料卡车也燃起了熊熊大火。莱尔装甲师的燃料顿时捉襟见肘。德军只好撤退到距离默兹河3英里的福伊圣母（Foy-Notre-Dame）村掩蔽。第二天恰逢圣诞节，莫德尔命令他们继续步行向河边推进，但没人遵令行动。

盟军阻击部队

圣诞节当天，德军第2装甲师和莱尔装甲师的主力接近迪南附近的默兹河。他们车辆的油箱已经空空如也，还不时受到英美战斗轰炸机的袭扰。5辆英军谢尔曼坦克对大桥的防御最终证明这并非预想中的自杀任务。盟军凭借他们的支援，在默兹河东岸集结了一支阻击队伍，准备包围并压制德军装甲部队的进攻。德军的唯一希望似乎就在于增援，但援军也遭遇了英国皇家空军的密集空袭和坦克攻击。

进攻寸步难行，装甲车成了盟军袭击的靶子，冯·曼托菲尔将军允许部队徒步撤退。约600人丢弃车辆和装备逃跑。德军的进攻在离默兹河几英里的地方受阻。这会是阿登战役的尾声吗？

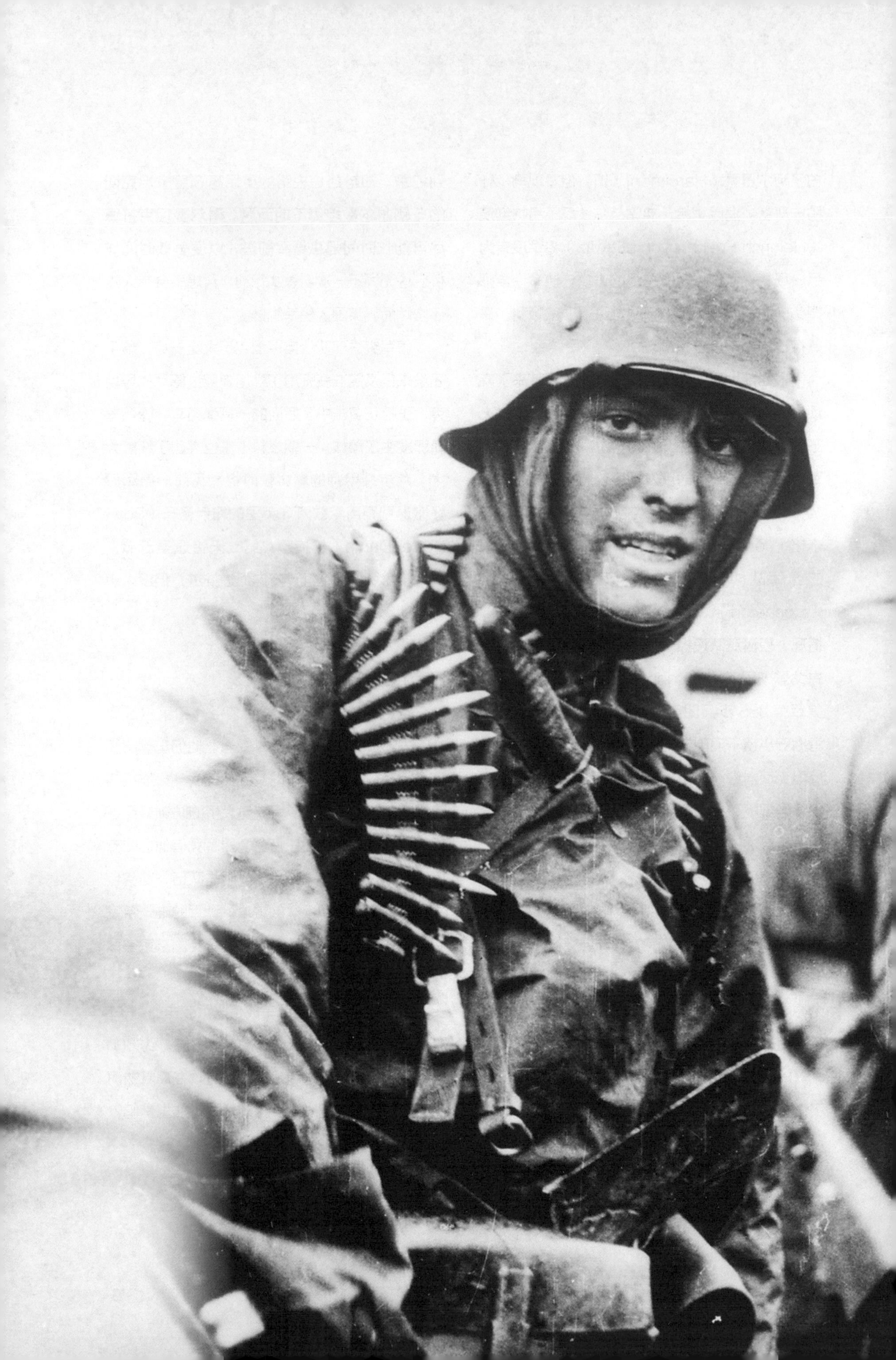

负重：一名全副武装的德军士兵在德军反攻时携带弹药箱前进

阴差阳错的是，英军坦克击毁了一辆弹药车，弹药车随即发生爆炸。一辆燃料车也随之起火。

1944 年 12 月
直取默兹河

　　1944 年圣诞节前，德军博姆（Bohm）战斗群直扑默兹河。该战斗群以第 2 装甲师的第 2 装甲侦察营为核心，其战斗力因装备了第 3 装甲团的豹式坦克而得到加强。此举十分必要，因为在阿登战役之前该侦察营仅进行了部分改装。第 1 连因整编而未能参战，而第 3 连的装备则以自行车为主。第 5 装甲军成功插入美军后方的原因之一是装备精良的侦察部队发挥了有效的作用。

　　莫德尔的 B 集团军司令部对邻近的武装党卫军装甲师不当使用侦察部队提出了批评，因为他们只把侦察部队当作其他装甲部队或掷弹部队那样调遣。久经沙场的正规装甲部队深知，侦察部队的首要任务是快速反应，避免卷入不必要的战斗，以期圆满完成自己肩负的使命。图中装甲巡逻队由一辆特种机动车 234 型彪马装甲车①率领。它配备有 50 毫米火炮②，是一款最有效

的侦察车辆之一。8 个车轮全部都是独立弹簧支撑，就轮式车辆而言，它具有极佳的机动性，道路行驶速度超过 50 英里 / 小时。在阿登地区，第 2 装甲师有 10 辆这样的装甲车和 2 辆配备有 20 毫米火炮的 234/1 型装甲车，以及 2 辆装备有 75 毫米短炮的 233 型装甲车。彪马后面的是一辆豹式 G 型坦克③。

第 2 装甲师用 51 辆豹式坦克和 29 辆四号坦克发起进攻。豹式坦克后面紧跟着 251 型半履带装甲车④。虽然更常见的是与装甲掷弹兵团协同作战，但这种全能型车辆也颇受侦察部队的青睐，阿登战役伊始，德军配有 13 辆该型装甲车。

侦察营中最常见的半履带装甲车是 250 轻型半履带车，1944 年 12 月，该型服役车辆达 33 辆。

图中所见车辆大多没有任何特殊的战术单位标志，因为第 2 装甲师在战役爆发之前刚刚进行过重新装备。豹式和彪马坦克炮塔上都没有常见的战术编号，也没有该师的三叉形师徽。使用树叶伪装的做法习以为常，尤其是在 1944 年 12 月 23 日之后，那天转晴的天气标志着盟军空中支援和美军 P-47 雷电战斗轰炸机（Jabos）的回归。这种飞机令德军闻风丧胆。（彼得·丹尼斯撰文）

希特勒亲信：照片中身穿党卫军制服、左脸颊上有一道剑疤的人是奥托·斯科泽尼。他一直苟活到第三帝国灭亡之后的 1975 年

秘密行动

在两次秘密行动中，虚假情报和诳时惑众是德军用来在盟军中间制造恐慌和混乱的伎俩

阿登战役期间，德军策动过两次图谋在盟军中间制造混乱的行动。在狮鹫行动中，会讲英语的德军身穿缴获的美军和英军制服，驾驶盟军车辆。他们通过散布谣言、传达虚假命令、防止重要桥梁被毁，来对盟军的防御釜底抽薪，进而在德军主力部队抵近之前攻占默兹河上的桥梁。作为狮鹫行动的组成部分，货币行动旨在让伪装的德国兵行贿码头和铁路工人，以破坏盟军的补给线。

党卫军指挥官奥托·斯科泽尼牵头实施这些行动。他负责招募并训练新组建的第150装甲旅来执行任务。作为一名经验丰富的老兵，他曾在东线负伤，还曾带队营救过被废黜的意大利独裁者墨索里尼。他是希特勒的心腹，希特勒对他的才能十分欣赏。

希特勒面授机宜："我要你带领一队'美军和英军士兵'，渡过默兹河，夺取河上的桥梁。""不，亲爱的斯科泽尼，是一队真正的英美军人。我要让你组建一支穿英美军服的特种部队，驾驶缴获的盟军坦克出发。想想你们能够制造的乱局吧！快去用一连串的虚假命令扰乱他们的联络，灭掉他们的士气。"

这无疑是在铤而走险。1907年《海牙公约》规定，卧底突击队一旦被抓，便可作为间谍被处决。留给斯科泽尼的时间所剩无几。他只有月余时间为这次任务做准备，而人员招募更是迫在眉睫。

据斯科泽尼后来回忆："寻觅合适人选和装备来组建第150装甲旅谈何容易。这可是去执行狮鹫行动啊。""我们最先找到了会讲一口地

> 斯科泽尼只有月余时间为这次任务做准备，而人员招募更是迫在眉睫。

道英语、还能灵活运用美国俚语的10个人。他们大多数是水手。"

此外，斯科泽尼手下还有30～40名英语讲得很溜但不会说俚语的人，再有就是120～150个英语说得相当好的人，剩下大约200人上学时曾经学过一点儿英语。

散布谣言

寻找盟军装备和制服的工作进展得很不顺利。尽管斯科泽尼总共要求3300人，但实际只给了他2500人。因此，他只好将这个特种装甲旅从3个营精减到2个营，并抽调150名英语最好的人组建了名为"施蒂劳部队"（Einheit Stielau）的突击队。该旅只有15辆美国造卡车和大约30辆吉普车。斯科泽尼要求配备20辆美军坦克，但只得到了两辆，而且其中一辆随时都有抛锚的危险。因此，他们不得不依靠12辆豹式坦克来完成任务。"我们伪装了主炮和炮塔，让它们看上去更像谢尔曼坦克。这种把戏只能骗过美军新兵，而且还得在夜间离得老远才行。"

盟军军装也供不应求。当第一批美军野战夹克送达时，它们背部都涂有大三角形，表明穿着者是战俘。配备的步枪也捉襟见肘。如此看来，似乎只有突击队可以伪装成美军。雪上加霜的是，斯科泽尼招募会讲英语的志愿者的通知竟然落入盟军之手，进而引起盟军的怀疑。当盟军在一名被俘的德军军官身上搜出穿美军制服的德军应该如何向其他德军表明自己身份的指令时，盟军对德军的秘密行动更加深信不疑，尽管这些指令没有透露行动的具体目标。

训练期间，突击队没有获悉自己将要扮演的角色，从而导致军中谣言四起，猜测不断。一名年轻中尉听说要进军巴黎，夺取盟军总部，于是操着一口流利法语的他主动请缨。行将出发之际，许多人还以为他们的任务是刺杀艾森豪威尔将军。斯科泽尼倒是乐见谣言满天飞。

"我们决定让谣言多飞一会儿，同时尽量装作我们在全力制止信谣传谣。"他说，"我们估计，盟军情报人员获悉这些耸人听闻、相互矛盾的情报时一定会一头雾水。"

尽管只是部分成功（例如德军始终未能攻占默兹河上的桥梁），但狮鹫行动的确在盟军中制造了恐慌和混乱。12月17日，斯科泽尼的一部抢在美军第16步兵团之前到达了瑞吉山（Mont Rigi）岔路口。通过改变路标，他们让美军车队舍近求远，绕道了大约一个小时。他们切断电话线，发现物资存储场并向德军报告位置，用树木堵塞道路，干扰行军，竖立虚假警告标志。

狮鹫行动部队甚至从比利时波多（Poteau）劝退了一支美国陆军部队。

制造混乱

隶属于派普战斗群的一个秘密小分队准备先于主力部队前进，先期夺取桥梁。12月17日，一辆乘坐3人的先遣吉普车上路。他们离开主力部队约一小时后，被一名盟军宪兵拦住，由于口令错误，遭到逮捕。他们的制服和装备漏洞百出：没穿护腿，鞋子也不对，只有一人系着美国陆军腰带。更能说明问题的是，他们都随身携带着德军士兵证——由此自然很快就可以确认，他们是曼弗雷德·佩纳斯中士（Manfred Pernass）、候补军官金特·比林（Günther Billing）和二等兵威廉·施密特（Wilhelm Schmidt）。

12月18日，第150装甲旅的另一支小分队在往马尔梅迪转运两名战俘时被抓。他们误以为马尔梅迪还在德军手中。还有一支秘密小分队在默兹河附近被捕，因为司机没有出示有效通行证，而且还被发现在军服下面戴着纳粹臂章。

被俘虏的斯科泽尼旅成员供出了关于刺杀艾森豪威尔和攻打巴黎、夺取盟军总部的谣传。鉴于此，艾森豪威尔将军和其他盟军高级指挥官的警卫措施全面加强，盟军总部火速转移，艾森豪威尔将军的生活习惯也随之做出了改变，甚至还找来一名与他长相酷似的军官作为替身。

在检查站，所有级别的军官都遭到严格盘查，即使答出正确口令者也不例外。为确认他们不是德国人，会问及州府、贝蒂·格拉布尔（Betty Grable）的丈夫、洛杉矶道奇棒球队的外号或米老鼠的女朋友等问题。就连蒙哥马利也没能免于审查。当乘车前往马尔梅迪时，他在一个检查站被生疑的警卫拦了下来，因为他们听说有个德国特工长得和他一模一样。火冒三丈的蒙哥马利命令司机继续开车，警卫随即打爆了车胎，把他扣留了数个小时，直到有一名英军上尉认出他来。

斯科泽尼手下制造的混乱和猜忌的确达到了效果。正如布拉德利将军后来写道的那样："虽然穿美军制服的德军在到达默兹河之前大多都被解决了，可造成的影响犹存，在路上的50万美军每逢彼此相遇，还时不时会玩起猫捉老鼠的游戏。"斯科泽尼后来称他们的行动"让美军后方患上了真正的间谍躁狂症"。

尽管斯科泽尼的高参声称，穿上敌方制服算是战术，只要不穿着这身军装投入实战就完全合理合法。然而，18名身穿盟军制服被俘的第150装甲旅成员全都被当作间谍受审并枪决。不过，斯科泽尼本人侥幸逃脱。

1947年，他在德国巴伐利亚的达豪（Dachau）审判中被指控犯有战争罪，但因无法证明他曾穿着美军军装命令德军与盟军交战而被判无罪。

前盟军特别行动执行小组杨-托马斯（F. F. E. Yeo-Thomas）中校提供了有利于斯科泽尼的证言。他称自己和其他特工在敌后也会身着德军制服。

> 盟军的安全措施加强了。在检查站，所有级别的军官都遭到严格盘查。

取暖：战斗间歇，白雪皑皑的阿登森林北部，美军第1军的士兵围拢在一处篝火旁

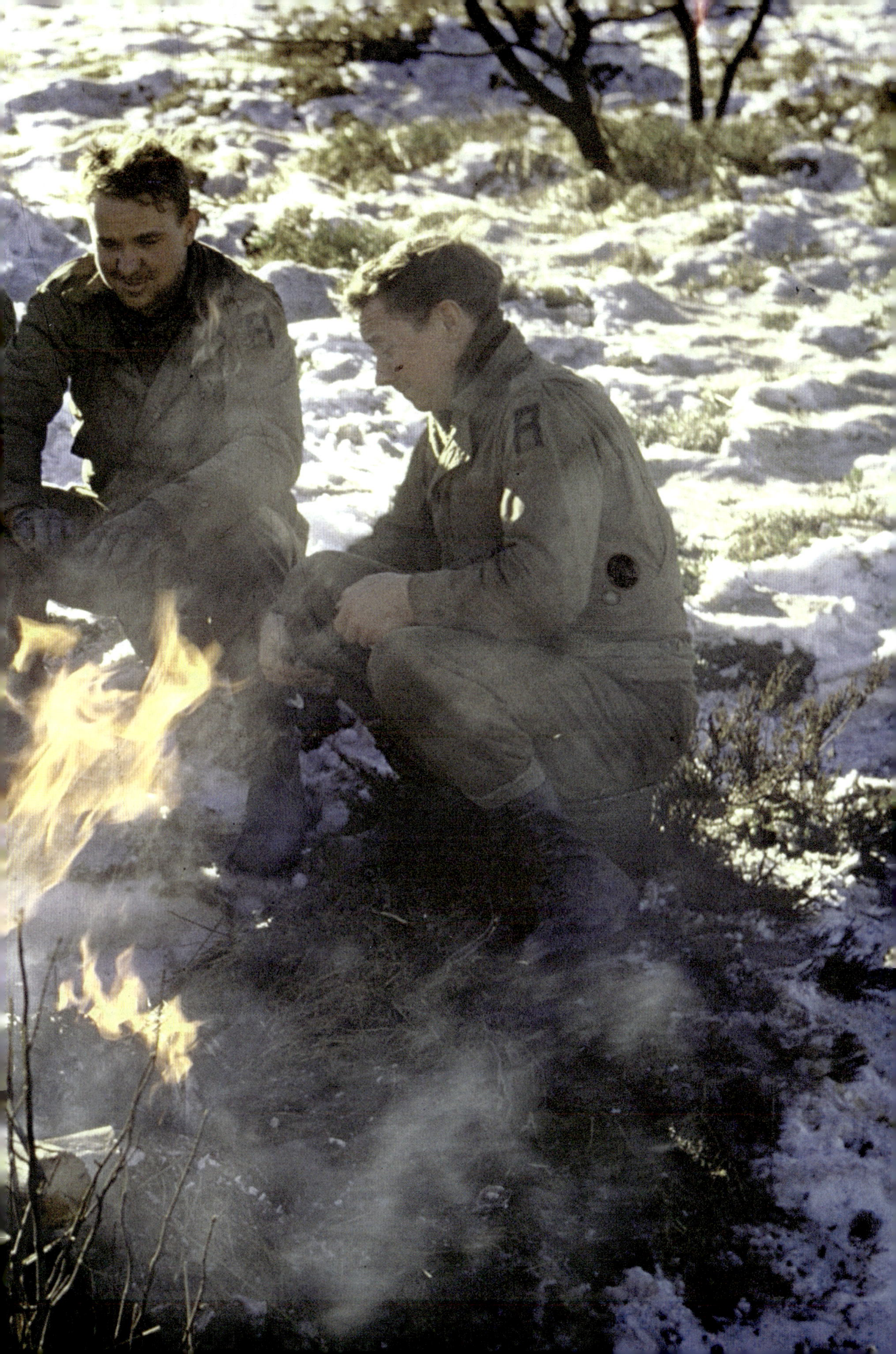

南部战斗

德军蠢蠢欲动企图渡过乌尔河；美军奋起反击，激烈的战斗接踵而至

在冯·曼托菲尔将军指挥下，部署在突起部南部的德军有3个眼前目标要实现。首先，他们需要渡过乌尔河。然后，他们需要支援对核心区圣维特交叉路口的袭击，其后攻占另一个重要路口巴斯托涅。来自两个师的部队负责夺取乌伦（Ouren）村附近的乌尔河上的桥梁。

瓦尔特·克吕格（Walter Krüger）将军的第58装甲军团以齐格弗里德·冯·瓦尔登伯格（Siegfried von Waldenburg）少将指挥的第116装甲师为先锋，第560国民掷弹兵师协同配合。第116师全都是作战经验丰富的老兵。1945年3月，盟军第9军指挥官在接受《纽约时报》记者约翰·麦科马克（John MacCormac）采访时称其为"闻名遐迩的德军最好装甲师"，不过在诺曼底战役中遭到了重创。

经过秋季整编后，第116师现有兵力11500人，豹式坦克139辆，新兵在其中占有一定比例。第560师是新组建部队，大部分新兵来自丹麦和挪威，作战经验匮乏。第5空降师曾经是一支精锐部队，但现今实力不足。尽管军官和人员编制一应俱全，但其反坦克营因空袭而损失了大部分装备，人员空缺由训练不足的空军地勤人员和海军营填补。该师的任务是夺取乌伦村两侧的两座桥梁，对手是老兵组成的盟军第28步兵师和经验不足的第106步兵师。

第28步兵师第112团在乌尔河东岸驻防。在绰号"金狮"的第106步兵师支援下他们顽强防守，给德军造成重大伤亡。一等兵保罗·罗森塔尔（Paul Rosenthal）用一辆牵引式坦克歼击车支援"金狮"，战果辉煌，仅用18发炮弹就摧毁了5辆豹式坦克。第一天战斗结束时，德军第560国民掷弹兵师已经损失了近千人。第116装甲师损失了13辆坦克和数百名士兵，其中约80人被俘。

德军向前推进

德军的进攻被拖延了一天多。美军随后向西撤退，但有个营发现德军尾随其后，控制了他们撤退途中拟经过的最南端桥梁。于是美军经另一座桥梁撤退，无奈德军追得太紧，他们来不及安放炸药炸桥。桥梁虽已到手，但德军发现它们太不坚固，无法支撑坦克和半履带车通过。克吕格将军只好利用第47装甲军团在达斯堡（Dasburg）攻占的一座桥梁过河，从而不可避免地造成了进一步的迟滞。

在即将成为突出部的南端，第28师的第109、第110团奋力阻击。尽管他们英勇作战，竭尽全力拦截推进的德军，但因兵力太弱，仍无法固守。人数占优的德军完全可以绕过他们构筑的工事前进。在第2营留作师预备队的情况下，

仅第110团的防线就长达11英里。随着一个又一个村庄相继失守,美军被迫后退。战斗进行到第4天,进攻的德军装甲纵队已经逼近主要目标巴斯托涅。但第28步兵师的迎击没有白费,他们给德军推进造成的阻延为盟军增援部队赢得了时间,其中就有颇为知名的老兵空降师和装甲师。

在战线的最南端是埃里希·勃兰登贝格将军指挥的第7军团的4个国民掷弹兵师。他们负责保护冯·曼托菲尔的左翼,以防盟军从更南部发动反击。勃兰登贝格把第212国民掷弹兵师视为王牌,在南翼委以重任。军事历史学家斯蒂芬·西尔斯(Stephen W. Sears)认为,勃兰登贝格"身材矮小,不顶重发,大腹便便。他谨小慎微、一丝不苟的劲儿非常适合执行并不起眼但至关重要的任务"。

12月16日战斗第一天,勃兰登贝格部队成功包围了罗伯特·钱斯(Robert Chance)中校第12步兵团的4个连,但由于缺乏坦克支援,推进十分艰难。到达乌尔河和绍尔(Sauer)河时,过河成了问题。德军工兵拼命修复被美军炮火炸毁的桥梁。这意味着勃兰登贝格部队无法部署他们仅有的少量火炮和坦克歼击车,使前进部队暴露在盟军装甲车的火力之下。他们请求使用北面一英里外莱尔装甲师的桥梁,但以"太忙"为由遭到婉拒。因此,推进速度自然缓了下来。

德军步兵吃惊地获悉,出生于德国柏林的美籍女演员玛琳·黛德丽(Marlene Dietrich)将来前线盟军部队慰问演出。"二战"之前,纳粹代表曾邀其返回德国,但遭到极端反纳粹的她断然拒绝。

1939年,玛琳·黛德丽加入美国国籍,经常为盟军演出。好莱坞制片人莱尔斯(A. C. Lyles)说:"她去了很远的地方,可以说深入前线……我想陆军部和电影公司肯定非常担心她出现在哪里,因为她去的地方真的很危险。我是说,天哪,她差点儿就卷入阿登战役,甚至有报纸报道说她已被俘。不过这篇文章被撤回了,用玛琳·黛德丽和一名战士以及一只小狗的合影取而代之。小狗是这名战士在某处废墟中发现的。"

在美军第8兵团的阻击下,德军第7军团主力仅向前推进了4英里。只有勃兰登贝格的一个师走得较远,第5空降师前进到南翼内侧以西12英里处。

> 第116师是一个作战经验丰富的老兵师,被称为"闻名遐迩的德军最好装甲师"。

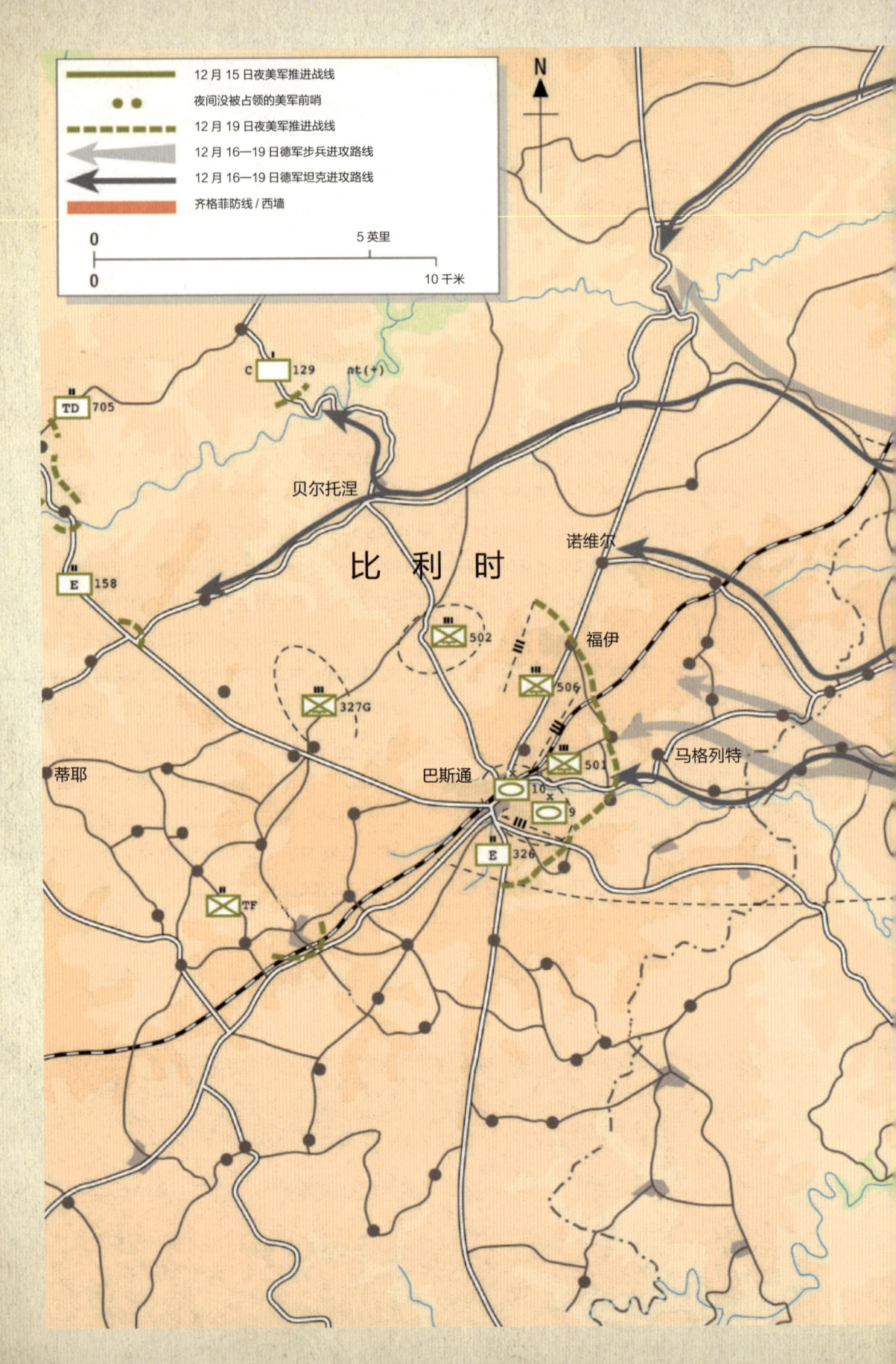

▬▬▬	12月15日夜美军推进战线
● ●	夜间没被占领的美军前哨
▬ ▬ ▬	12月19日夜美军推进战线
⬅	12月16—19日德军步兵进攻路线
⬅	12月16—19日德军坦克进攻路线
▬▬▬	齐格菲防线/西墙

比利时

贝尔托涅
诺维尔
福伊
马格列特
蒂耶
巴斯通

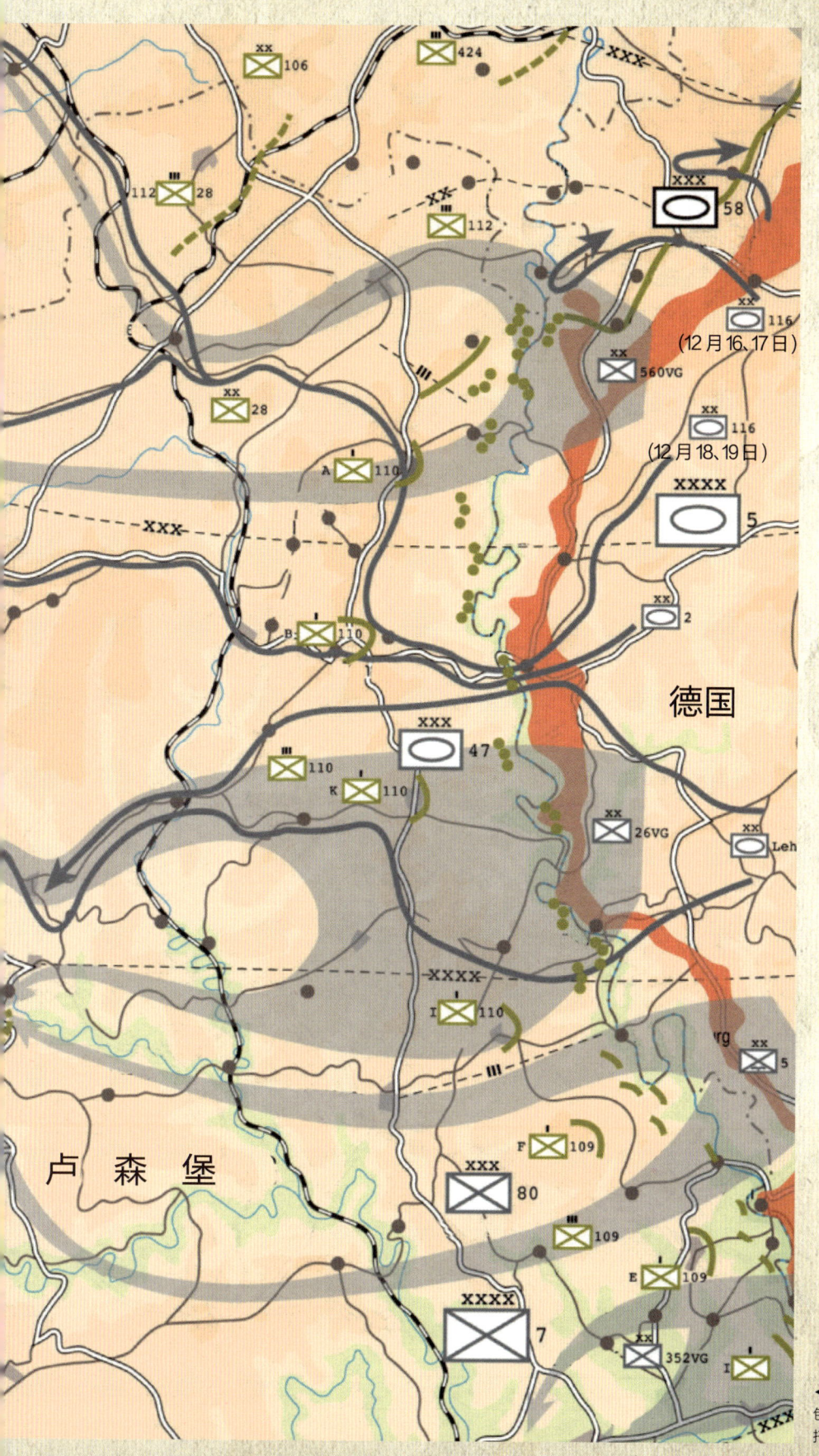

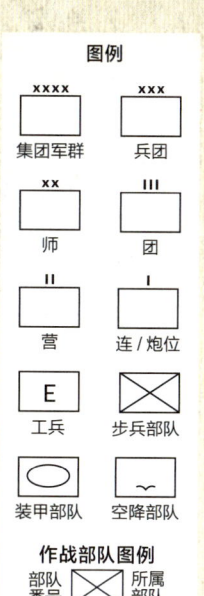

图例

图标	含义	图标	含义
xxxx	集团军群	xxx	兵团
xx	师	III	团
II	营	I	连/炮位
E	工兵	⊠	步兵部队
◯	装甲部队	⌣	空降部队

作战部队图例

部队番号 ⊠ 所属部队
指挥官

(12月16、17日)
(12月18、19日)

德国

卢森堡

◀ 前进：德军的作战目标包括渡过乌尔河与攻占巴斯托涅

维尔茨

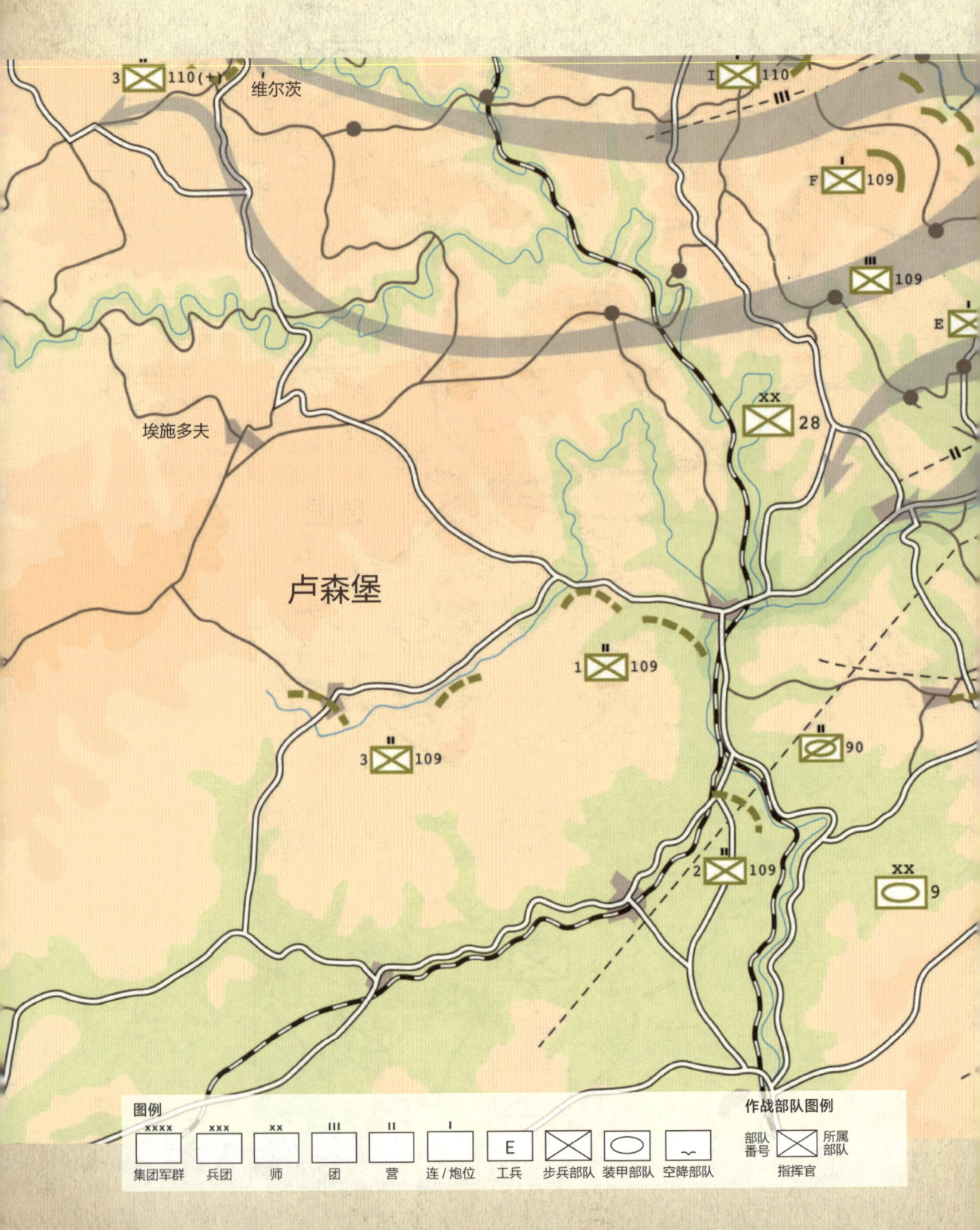

埃施多夫

卢森堡

图例										作战部队图例	
xxxx	xxx	xx	III	II	I	E	⊠	⬭	～	部队番号 ⊠ 所属部队	
集团军群	兵团	师	团	营	连/炮位	工兵	步兵部队	装甲部队	空降部队	指挥官	

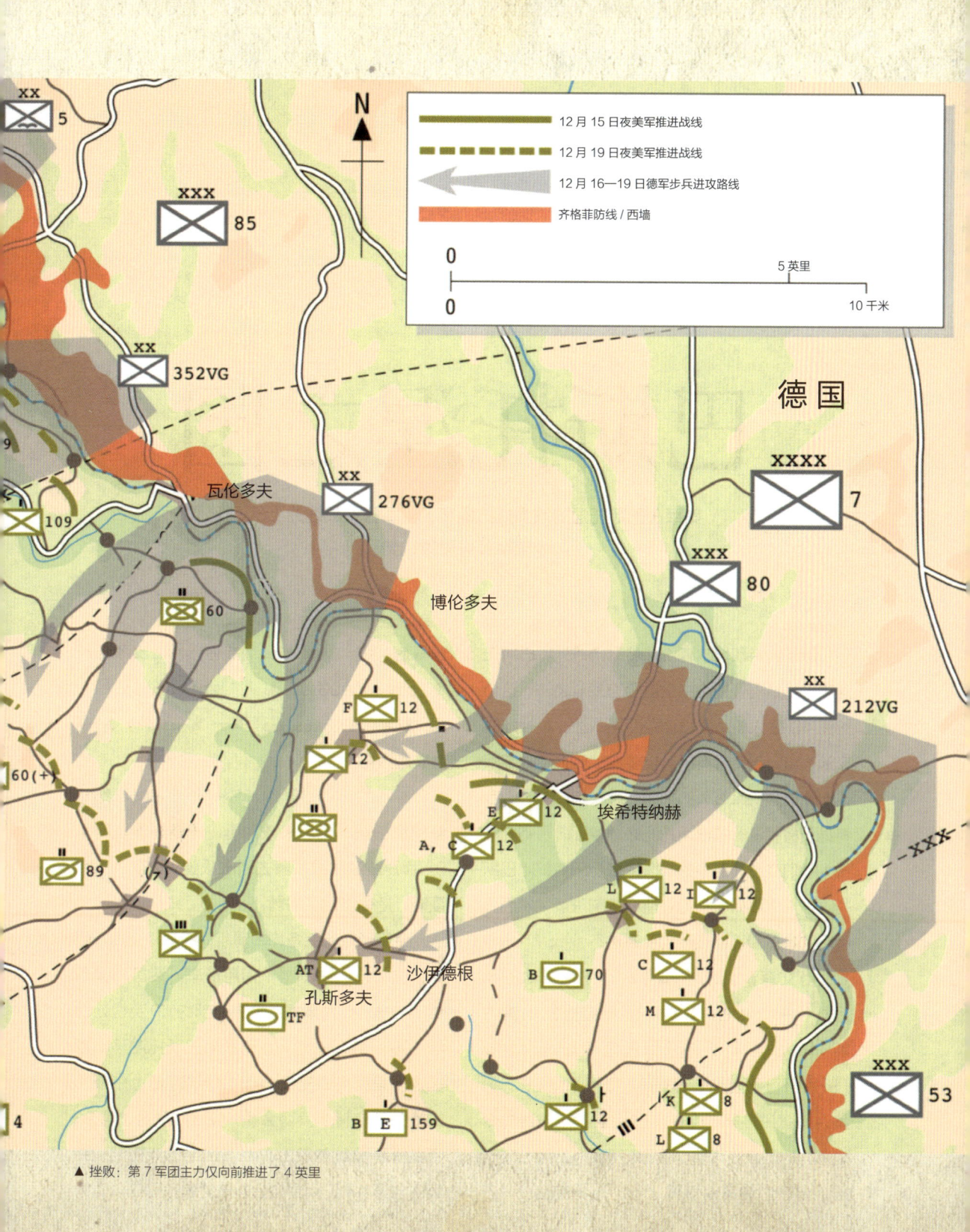

▲ 挫败：第 7 军团主力仅向前推进了 4 英里

巴斯托涅之围

美军在巴斯托涅的顽强抵抗提振了盟军各条战线的士气，令德军顿失进攻锐势

除圣维特和埃尔森伯恩岭阻击战外，巴斯托涅围攻战是阿登战役中最重要的战斗之一。这个约有4000人的小集镇道路四通八达，是当地的交通枢纽，因此具有极其重要的战略地位。夺取这一重镇是德军最大的关切。装甲指挥官冯·吕特维茨将军说："巴斯托涅必须拿下，否则它将成为我们交通线路中的一大堵点。只有铲除巴斯托涅形成的障碍，我们才能继续前进。"然而，他们的攻击却没能按计划及时进行。

当艾森豪威尔将军意识到德军发动的阿登战役来势汹汹时，他迅速集结驻扎法国兰斯（Reims）附近的盟军远征军最高司令部（SHAEF）预备队，即第82和第101空降师。虽说是精锐之师，但在接到保卫盟军防线命令之际，他们正在休整，训练新兵。12月17日，给他们下达的命令直截了当，毫无废话："迅速开赴前线。"第101师准将托尼·麦考利夫（Tony McAuliffe）说："我所知道的只是，德军在我们的防线上打开了一个缺口，我们必须赶去增援。"

最初的计划是第101空降师前往突出部北部的维伯蒙，但后来改为挺进巴斯托涅，而第82师则被派往维伯蒙去阻击派普战斗群。事实证明，运输出现了问题。

空降部队的装备均由滑翔机或伞降空投，因此，陆上行进时不得不借用卡车。装备和弹药供不应求。作为预备队驻扎北约60英里处的第705坦克歼击营，也奉命向巴斯托涅移动以提供反坦克火力支援，与12月20日上午抵达的第501空降步兵团会师。12月19日，第28师指挥所从维尔茨（Wiltz）迁至巴斯托涅，并很快与第44工兵营会合。该营此前已在镇北建

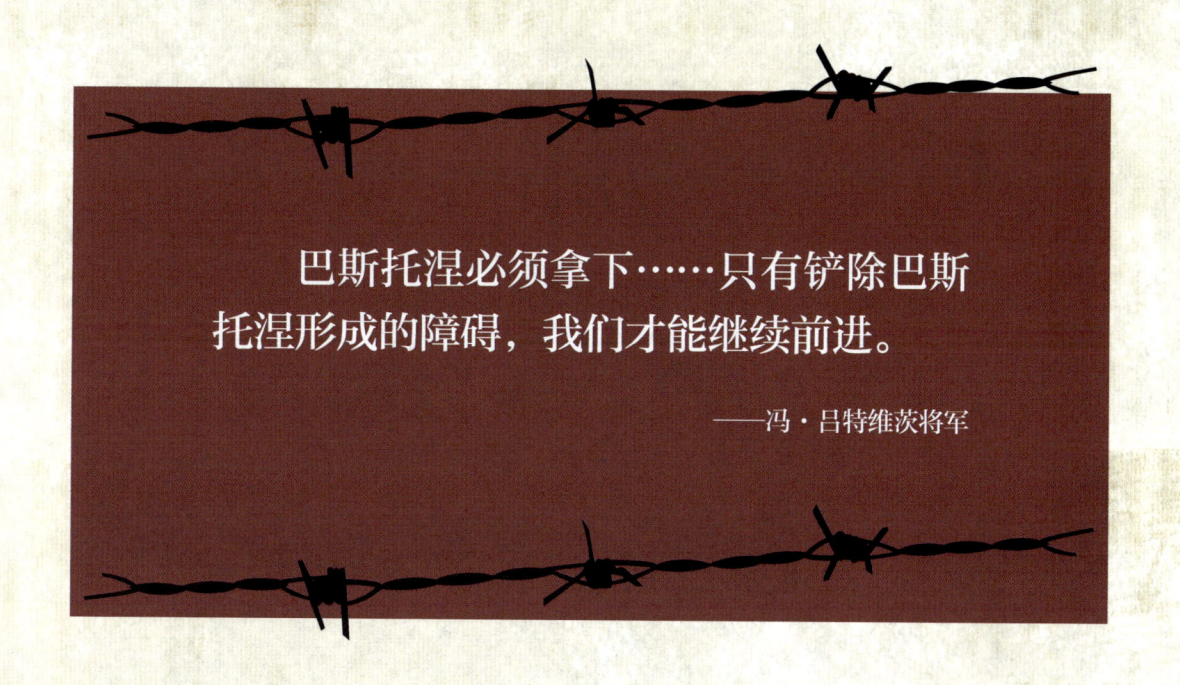

> 巴斯托涅必须拿下……只有铲除巴斯托涅形成的障碍，我们才能继续前进。
>
> ——冯·吕特维茨将军

立了阵地，但被德军赶回。他们在撤退时炸毁了身后的一座桥梁。松懈的防范意味着德军业已意识到空降师的调动，而且艾森豪威尔已然动用了他的预备部队，只是德军低估了伞兵到达的速度。

尽管德军预计盟军需要两三天的时间，但第82师的詹姆斯·加文中将和第101师的托尼·麦考利夫准将却使出浑身解数，在短短24小时内便完成空降任务。这当然是一次艰苦的旅程。一位随第101师采访的记者写道："这场磨难一直在持续。除了耳畔能听到发动机和齿轮的低沉声响，战士们全都缄默无语，没有一声喊叫。战场上他们匍匐前行，遍地开花的炸弹把他们震得昏死过去。这简直就是一场痛苦、沮丧和恐惧交织的噩梦。"

兵临城下

巴斯托涅镇受到来自第26国民掷弹兵步兵师、第2装甲师和莱尔装甲师这3个德军师的威胁。德军的计划是，莱尔装甲师和第26国民掷弹兵步兵师主攻该镇，而第2装甲师则向默兹河推进。

在德军开进之前，美军第10装甲师装甲战斗B团便抵达了巴斯托涅，并立即部署到镇东以加强第8兵团的阻击战斗力。德军第2装甲师的先遣部队受阻，但美军外围防线失守。美军在撤退过程中战员和车辆损失惨重。有些德军部队干脆避开路障和防御阵地，其中包括由弗里茨·拜尔莱因（Fritz Bayerlein）少将率领的莱尔装甲师先锋队。12月19日清晨，他带领15辆坦克和半履带车上的4个步兵连，沿着岔路和泥泞的小道行驶，一直推进到距离巴斯托涅约3英里远的马格列特（Mageret）村。倘若他一不做二不休，立即发动进攻，或许就能一举拿下巴斯托涅，因为当时盟军伞兵增援部队尚未就位，防御力量仍然十分薄弱。然而，由于路况糟糕，浓雾弥漫，加之一名比利时平民谎报该镇防御情况，拜尔莱因决定等到天亮后再行动。

·111·

德军围攻战持续了8天。精疲力竭的美军步兵亚当·戴维斯（Adam H. Davis，左）和第110团的米尔福德·西拉尔斯（Milford A. Sillars）利用战斗间隙在小憩

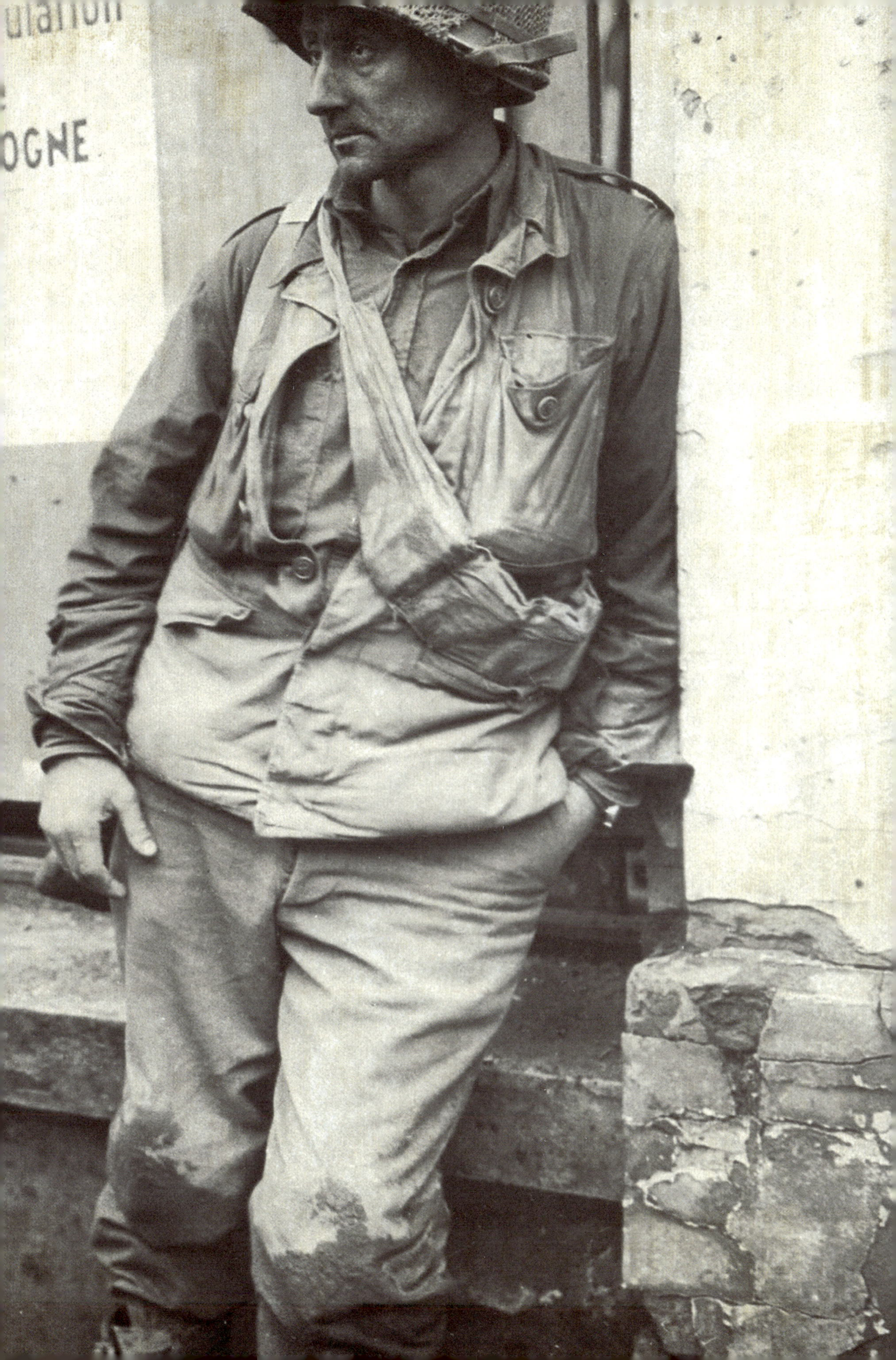

12月19日，位于巴斯托涅以北约4.5英里的诺维尔镇遭到第2装甲师的袭击。该镇由威廉·德索布里（William Desobry）少校率领的第10装甲师坦克步兵特遣队防守，第506空降步兵团第1营和第705坦克歼击营的4辆M18型地狱猫坦克歼击车提供火力支援。德索布里以极快的速度调动部队对德军第2装甲师实施截击，攻击其先头部队。至少30辆德军坦克被摧毁，500~1000人伤亡。第705营把地狱猫的速度(时速可达55英里)发挥到了极致。东奔西突的高速坦克歼击车火力不断，给人的印象是它们的数量远比实际的要多。12月19日，美军仍然控制着诺维尔镇。

寡不敌众

12月20日，美军撤至巴斯托涅，但当时他们不得不穿过被德军攻占的福伊圣母村。当他们回到美军防线时，拥有600人之众的第1营已经损失了13名军官和199名士兵，而德索布里特遣队已经打光了大约1/4，只剩下4辆中型坦克。德军第2装甲师继续向默兹河推进，但未能攻占诺维尔和燃料库，加上莱尔装甲师在马格列特村的延误，给了11000余人的第101空降师部署的时间。天亮时，拜尔莱因率莱尔装甲师开进巴斯托涅，但只遭遇到朱利安·尤厄尔（Julian Ewell）中校指挥的第101师一个团的抵抗。

就小镇周围的防线而言，盟军在北部和东部的防御力量最强，因此，冯·吕特维茨将军将小镇团团围住，准备从南部和西南部发起进攻。到12月21日中午，通往巴斯托涅的所有7条干道均被德军切断。时至午夜，防御该镇的美军已全部落入德军包围圈。他们与德军的人数之比约

1945年1月10日：在巴斯托涅地区作战的美军陆军中士（第35步兵师第320步兵团C连）

1945年1月：美军第3军的两名士兵正严密看管在比利时马格罗特（Magerotte）郊外俘虏的一对德军士兵（中）

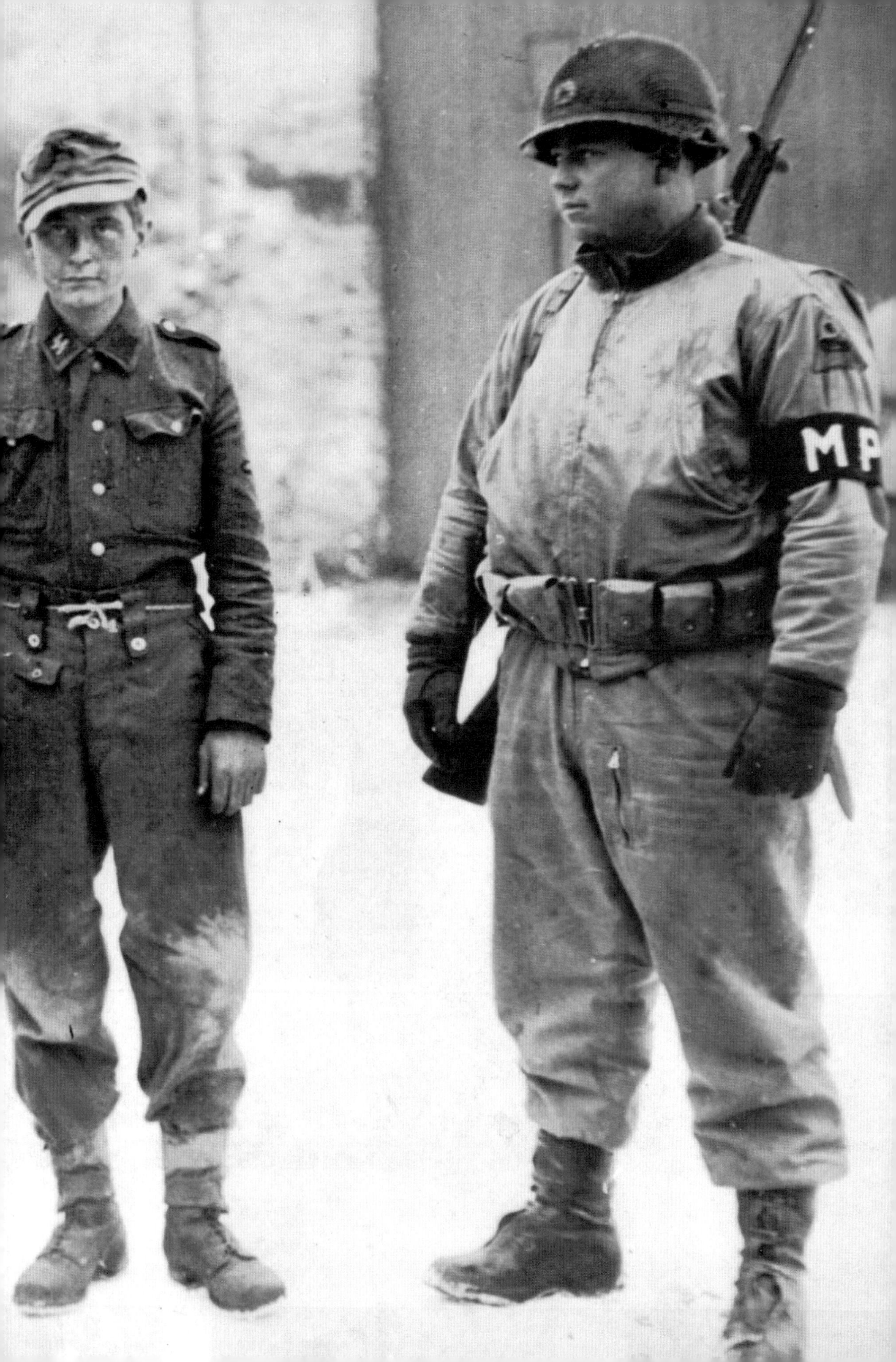
MP

至关重要的作用：美军第 101 空降师的开路先锋降落地面后，在巴斯托涅附近设置雷达设备

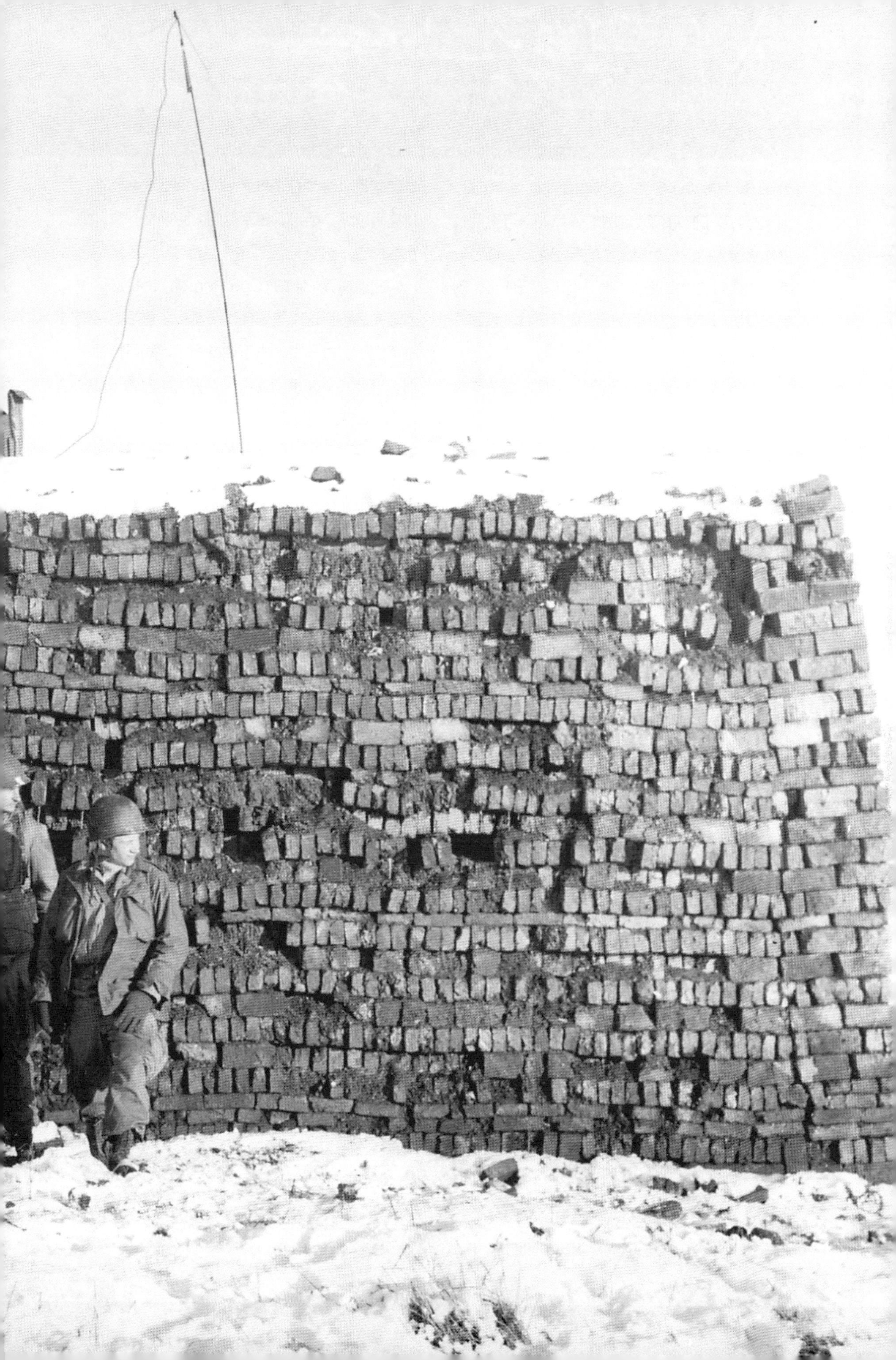

为1:5，急需御寒冬装，补给和弹药也少得可怜。到12月22日，每门大炮的炮弹每天限用10发。这年恰逢人们记忆中最寒冷的冬季之一，该镇守军无法得到空中支援或补给。祸不单行的是，阿登战役初期德军的突袭令盟军损兵折将，大部分医疗物资丧失殆尽。

形势虽然看起来十分严峻，但防线并未失守。伞兵在敌后作战方面经验丰富，因此被德军包围并不让他们过分担心。正如第101师的一份报告中所写的那样："德军切断道路对我们的现状并没有任何影响，只会使行军变得更加危险。"

为打破僵局，12月22日上午11时30分，冯·吕特维茨将军派4名坦克兵打着休战旗给"美军指挥官"送来了一封劝降书："战争形势正在发生改变。当前，巴斯托涅及其周边美军已被我强大的德军装甲部队围得水泄不通。更多德军装甲部队已经在奥特维尔附近渡过乌尔河，直取马尔什，一路通过霍姆普（Hompre）—西布雷（Sibret）—蒂耶到达圣于贝尔（St. Hubert）镇。利布拉蒙（Libramont）已成我军囊中之物。"

去下地狱吧

"拯救被包围美军于全军覆没的可能性只有一种，那就是光荣地交出瓮中之鳖巴斯托涅。从本信送达之时算起，贵军有两个小时考虑时间。

"如果这一提议遭拒，我军炮兵部队和6个重型装甲营将对巴斯托涅及其周边美军予以全歼。两个小时时限一到，开火命令将即刻下达。

"这次炮击所造成的大量平民伤亡与美国人所谓的人道显然相去甚远。德军指挥官上言。"

麦考利夫读罢来信，呸了一声，便把它扔到了地上。鉴于这是正式的军方通信，需要作复，于是他考虑再三并征询部下应该如何回信。作战参谋哈里·金纳德（Harry Kinnard）中校称，越简明越好。结果，德军得到的回复是："致德军指挥官：啊呸！[①]美军指挥官手草。"

回信由乔·哈珀（Joe Harper）上校送达。德国人搞不懂这个美国俚语究竟什么意思。哈珀解释道："意思是'去下地狱吧'。我再把话给你说透点儿。如果你们再不收手，我们就干掉每一个胆敢来犯的德国兵！"

美军誓死拒绝交出围城，不仅阻碍了德军的推进，也提高了盟军防线的士气。

提振士气的空投

12月23日，弥漫的大雾逐渐散去，能见度足以让英国C-47运输机展开空降补给，巴斯托涅的盟军守军士气顿时高涨起来。虽然有数架飞机被德军防空火力击落，但这次空降行动总体上非常成功，共空投了144吨补给，其中95%得到回收。德军阵地也遭到空中打击。整个圣诞节期间，空投行动一直在持续，几乎每天都有惊喜从天而降。

比利时的卢森堡省省长妻子勒内·格雷德尔（Rene Greindel）伯爵夫人就住在巴斯托涅附近。她后来写道："下午3点刚过，我们的视野里就出现了一幕童话般的真实场景。一连3天，每天都要重复几次。这是我第一次看到降落伞。""至少有150架军用运输机从东南方向飞来，飞行高度约600英尺，在我们家和巴斯托涅之间的一片平原地带上空，它们投下一大批黄色、红色、蓝色、绿色和白色的降落伞。天上飘浮着粉红色云朵。这一景象美轮美奂，无法形容。明亮的阳光下，积雪熠熠夺目，湛蓝的天空

[①] 原文NUTS!，原意为"坚果"。——译注

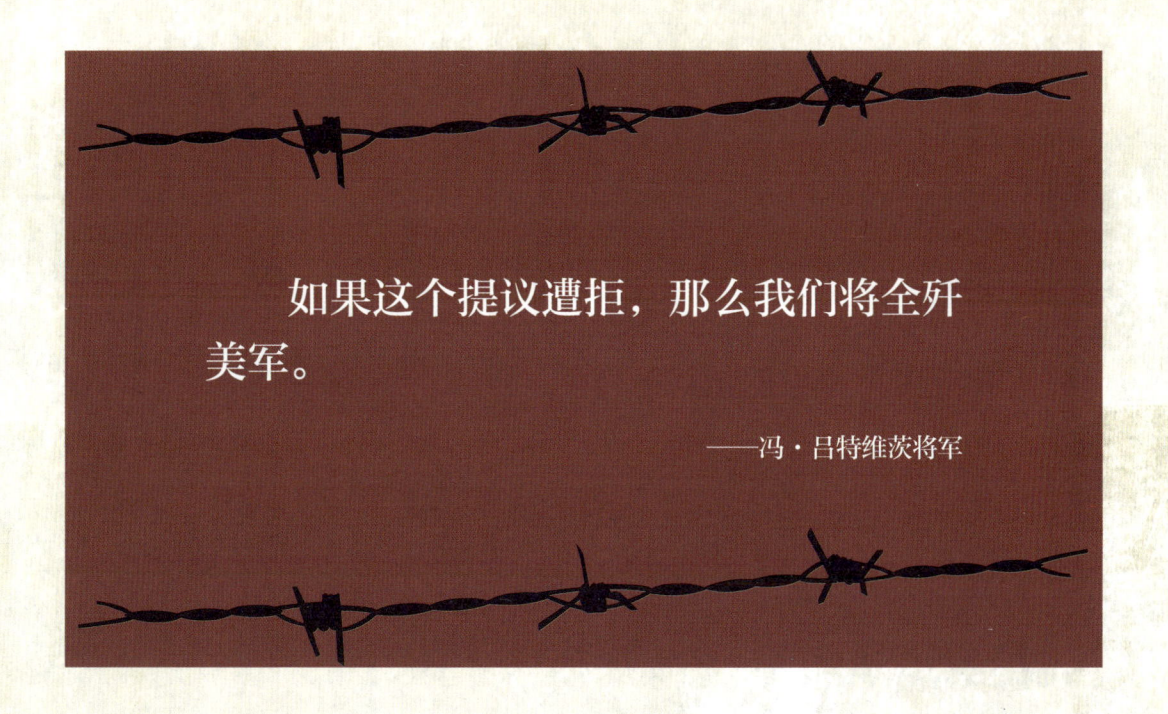

> 如果这个提议遭拒，那么我们将全歼美军。
>
> ——冯·吕特维茨将军

中，绚烂多姿的降落伞翩然而下。"

到1944年圣诞节，德军第2装甲师和莱尔装甲师继续前进，留下负责殿后的是莱尔装甲第901团和第26国民掷弹兵师。平安夜，第15装甲掷弹兵师的一个团与国民掷弹兵师兵合一处，在第47装甲兵团支援下，发动了圣诞攻势。是夜，德军轰炸机对盟军防线进行了轰炸。美军指挥所遇袭，4名军官阵亡。

冯·吕特维茨把主攻方向选在了香榭（Champs）村附近的西北角防线，迄今为止那里还未发生过战事。德军坦克和掷弹兵一股脑冲破了守军防线。然而，美军集结起所有能够参战的人员，包括伤兵和文员、厨师等后勤人员，加之坦克歼击营的英勇作战，终于成功打退了德军。他们抗击的是德军精锐，但最终还是取得了胜利。

突破重围

1944年节礼日①，巴顿将军第3集团军第4装甲师的克雷顿·艾布拉姆斯（Creighton Abrams）中校率领20辆谢尔曼坦克和乘坐半履带车的步兵部队从南部向巴斯托涅进发，下午4时30分突破德军包围圈，到达美军防线。至此，巴斯托涅之围已经破解。

尽管不再四面楚歌，但在阿登战役期间，巴斯托涅周围的战斗始终在继续，而德军夺取这一重镇的计划却半途而废。虽然守军阵亡约2500～3500人，但相比之下德军付出的代价要高得多。他们的进攻停滞不前，攻势不再。

---

① 12月26日，即圣诞节次日或圣诞节后的第一个工作日。——译注

重重包围：当美军开进比利时小镇巴斯托涅时，当地难民正纷纷四散奔逃，背井离乡

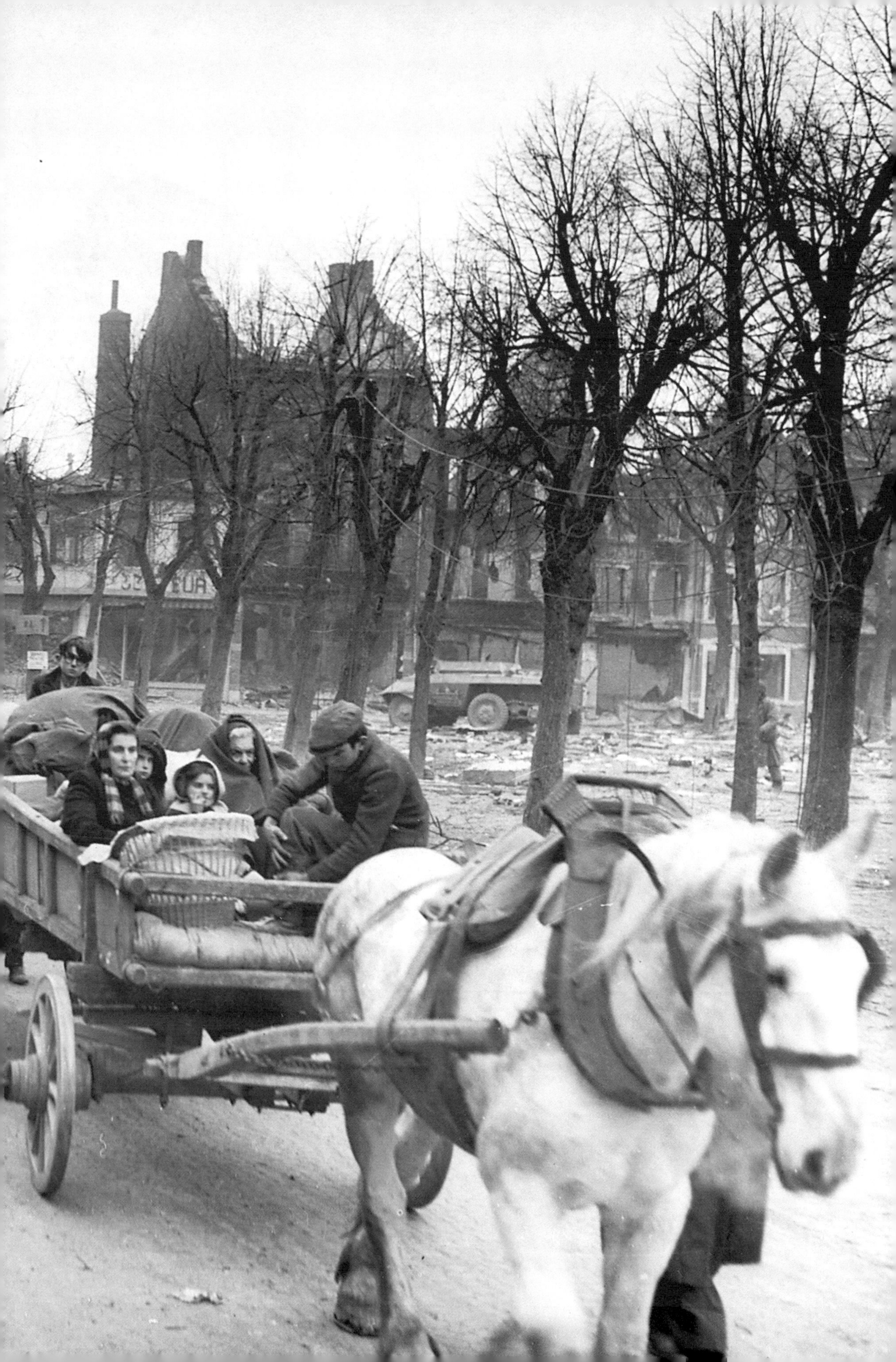

迷彩：在巴斯托涅附近利用积雪和迷彩进行伪装的美军第6装甲师第212装甲野战营105毫米自行榴弹炮装甲车

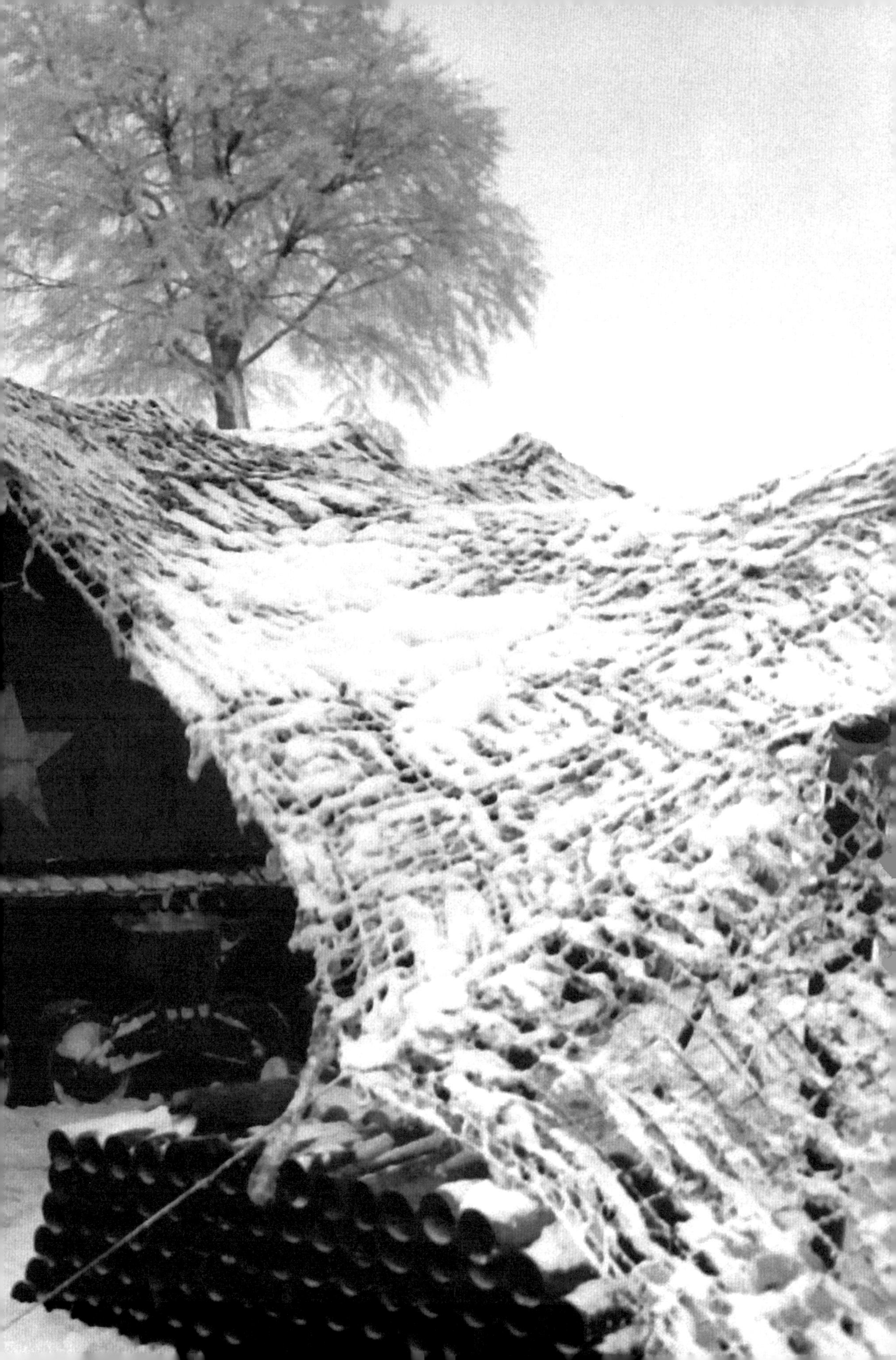

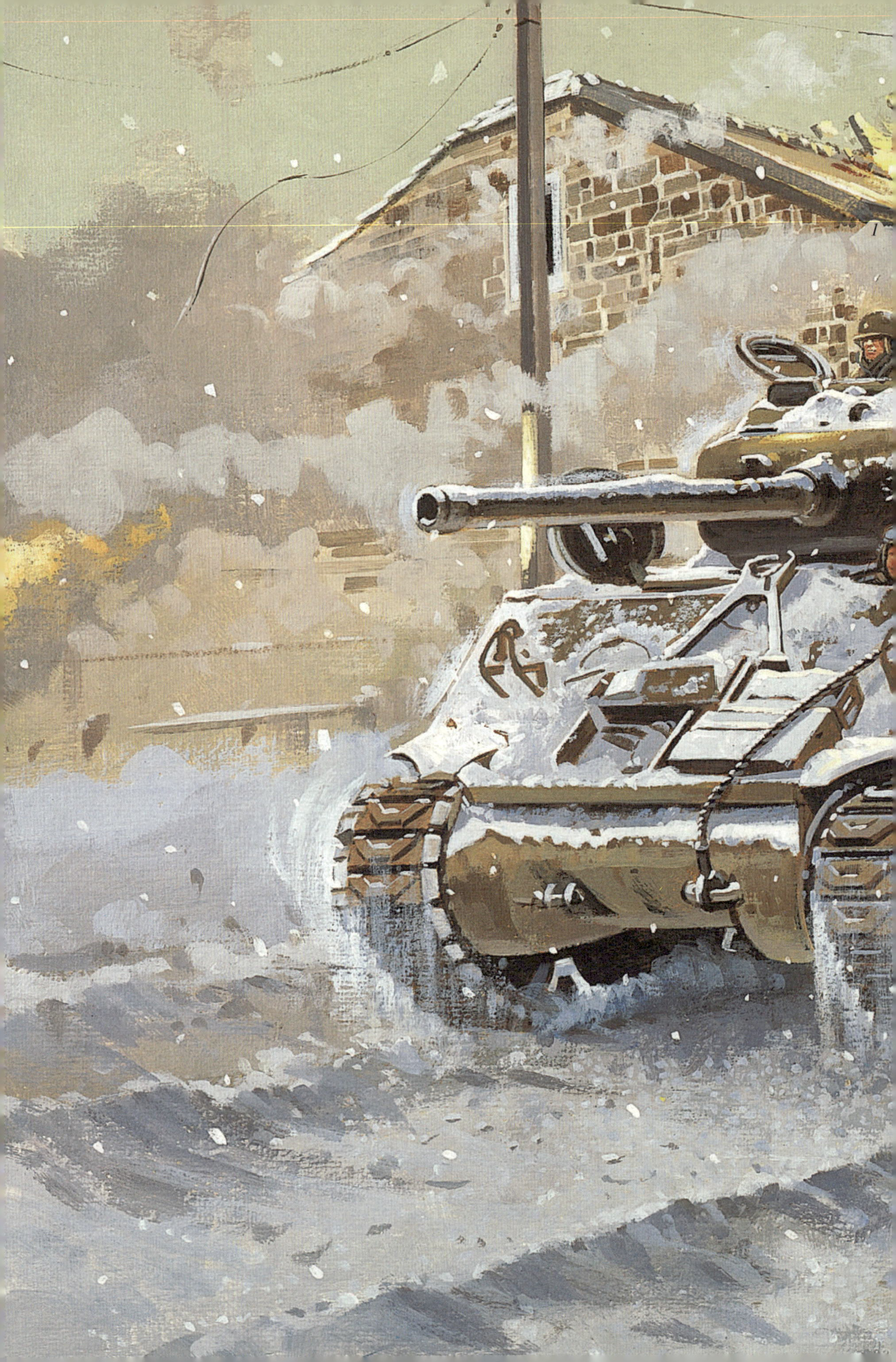
1

巴斯托涅霹雳坦克

如图所示，1944年圣诞节前后，艾布拉姆斯乘坐霹雳6号（Thunderbolt VI）坦克率领坦克纵队向巴斯托涅挺进。

1944年秋季阿拉库尔（Arracourt）坦克大战后，艾布拉姆斯应A战斗群指挥官布鲁斯·克拉克上校的要求，改用M4A3（76毫米）中型坦克。和他以前的坦克一样，这款坦克的车身侧面绘有霹雳漫画。坦克配有鸭嘴式加长连接器，以加大在雪地和泥泞中的牵引力。

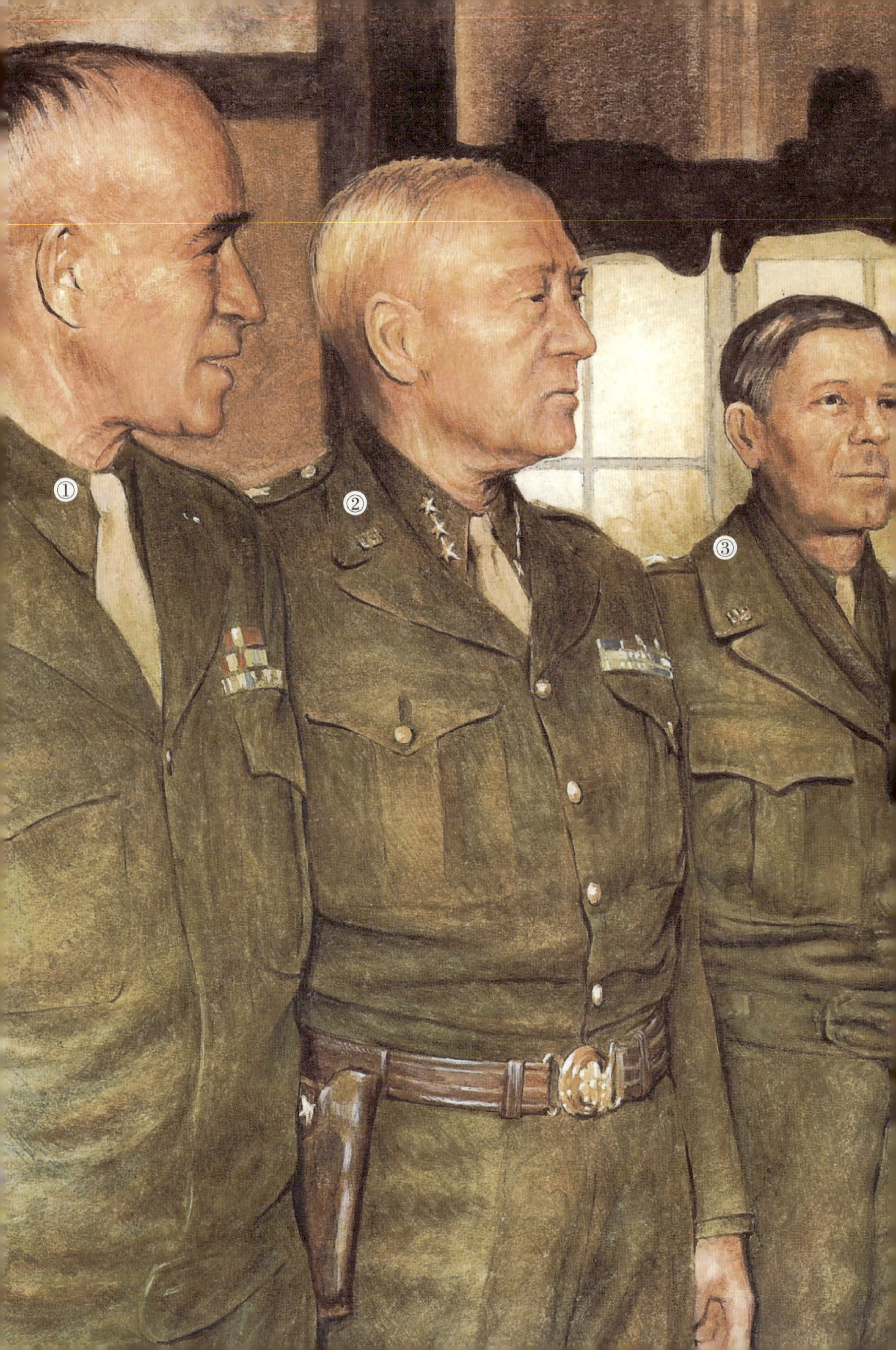
①
②
③

1944 年 12 月 19 日
盟军反击会议

　　1944 年 12 月 16 日德军在阿登地区发动突然袭击后,艾森豪威尔命令高级指挥官于 12 月 19 日到凡尔登开会,讨论盟军反击事宜。会议在空置的教室里召开,这间教室是分配给第 12 集团军建筑群中的一间。布拉德利没有用过这些楼宇,而是把前线指挥部选在了比利时斯帕。之所以把会议放在这里召开,是因为这儿远离危险,位于艾森豪威尔的凡尔赛司令部、巴顿的埃坦司令部和布拉德利的比利时司令部之间。

　　出席会议的有艾森豪威尔、布拉德利、巴顿、德弗斯（Devers）、泰德（Tedder）、史密斯和蒙哥马利代表弗雷迪·德甘冈（Freddie de Guingand）。战况简报由艾森豪威尔的情报官肯尼思·斯特朗少将汇报。会上,巴顿介绍了解围巴斯托涅的行动计划。他拟调遣两个兵团向法兰克福发起叮当行动（Operation Tink）,并提议向北而非向东挺进。鉴于巴顿当天的表现,人们将其封为"二战"中最具侵略性的美军指挥官。图中艾森豪威尔④在仔细研究斯特朗的情报地图,布拉德利①、巴顿②和德弗斯③在一旁观看。

1944 年 12 月
巴斯托涅战斗时的美军着装

（1）：第 28 步兵师步兵军装最初是"拱顶石州"（Keystone State）宾夕法尼亚国民警卫队制服。诺曼底战役和有第 4、第 8 师参战的赫特根（Hürtgen）森林战役失利后，第 28 步兵师的大兵们把点缀在军装衣袖上的红色拱顶石州[1]徽戏称为"血桶"。随后，第 28 师被派往"安静的"阿登区休整……面对势如破竹的德军第 5 装甲军，美军第 101 空降师有两天的时间去占领巴斯托涅。

图中身披"流浪式"雪地迷彩斗篷、头戴床单覆面头盔的士兵，很可能来自军需连或其他师团后援部队，接到紧急通知后毫无准备，立即投入战斗。在他身上披着的床单下面，穿着一件带羊毛披肩领和传统图案的方格厚毛呢短大衣，一件五扣毛衣，一条普通的淡褐色羊毛裤子，一双新款 M1943 军靴（1944 年）。他的装备少得不能再少：一条步枪腰带和一个用来携带其他装备的挎包。

（2）：第 101 空降师第 327 滑翔机步兵团巴祖卡火箭筒手。在阿登战役中，空降兵经常穿标准版羊毛麦尔登呢大衣。（据说第 82 空降师一名伞兵曾对一名忧心忡忡的坦克手说："想找个安全的地方？好吧，伙计，把坦克停在我身后。"）

这位滑翔机空降兵的外套下面穿着标准版 M1943 战斗服和带扣靴，如今在整个欧洲战区（ETO）都很常见。尽管腰带上悬挂的装备包括空降兵特有的、限量配备的"装配工"弹药袋，但肥大的裤子和超大口袋才是空降兵身份的唯一明确标志。他配有 M1 卡宾枪和绑在靴子上适于肉搏的 M3 双刃短刀。有些照片显示他们还携带民用刀具。然而，他的主要武器是最新折叠式 M9 型 2.36 英寸反坦克火箭发射器（即"火箭筒"）。头盔上的白色"梅花"图案是他所在团的标志。

（3）：第 10 装甲师第 20 装甲步兵团 5 级技术军士（T/5）。1944 年 11 月，第 10 装甲师积极参与攻占梅斯（Metz）行动。在整个巴斯托涅围攻战过程中，其战斗 B 团始终置身其中。这名美国军人穿着新款四兜棉缎面 M1943 野战夹克。这是各兵种的通用制服。虽说裤子并不配套，但幸运的是弄到了一双 M1944 防水靴。装备有 M1 加兰德半自动步枪和手榴弹，其中包括一枚外壳光滑的马克 3 型进攻手榴弹。

腰间装备有在德国设计基础上改良的可折叠工兵铲，带有一个切割柄。织物载具装备是新款深绿色 7 号橄榄棕色，如今前线部队大量列装，尽管库存 9 号（偏茶色）橄榄棕色装备还将继

---
① 指美国宾夕法尼亚州。

由于几乎没有实际用途，这个美国兵卸去了刺刀。更加实用的是他后腰带上塞着的毯子。手提的是 81 毫米迫击炮座板。

除第 101 空降师和第 10 装甲师外，巴斯托涅守军还包括第 9 装甲师、第 28 步兵师、第 705 坦克歼击营、第 1128 工兵战斗群和 5 个兵团级炮兵营。

1944 年 12 月
巴斯托涅圣诞节

圣诞节凌晨，新抵达的德军第 15 装甲掷弹兵师毛克（Mauke）战斗群向巴斯托涅防线北侧的第 502 空降步兵团①和第 327 滑翔步兵团阵地发起了进攻。在镇外森林和村庄的激烈战斗中，德军吃到了苦头。冲突过后，守军整修阵地，以应对德军可能再次发起的进攻。

对大多数参加过阿登战役的美军老兵来说，最不堪回首的是散兵坑里的可怕记忆。由于部队几乎每天都在运动之中，因此就需要随时挖掘散兵坑和构筑防御工事②。

虽然散兵坑可以有效抵御德军步兵的攻击，但阿登战役中双方的主要利器是火炮。在林木繁茂地区，火炮尤其致命，因为炸弹在树林中爆炸会把树木碎片崩得四处飞溅。不仅这些碎片会给步兵带来致命危险，而且即使步兵③只受了轻伤，医护人员④也很难发现并清除这些小碎片，最终常常导致危及生命的感染，而散兵坑则是最好的避难之所。美国陆军的标准做法是双人散兵坑，深度以能够站立为准。如果部队在任何一段时间内驻防，那么规范做法是构筑两套防御系统，即深散兵坑和长而浅的供睡眠用的战壕，其上覆盖原木等物。美军配发战前款式的 T 型手柄工兵铲或 M1943 型折叠工兵铲⑤。不过，这两种装备都不甚好用。

在荷兰已经进行了数月战斗的第 101 空降师被匆忙部署到阿登地区。至此，他们的空降服已经被美军步兵制服所取代，新兵和滑翔步兵的换装更是如此。

在阿登战役中，美军不可原谅的一大错误是冬装准备严重不足。就 1944—1945 年冬季而言，一个特殊问题是防水冬靴左支右绌，导致美军步兵部队壕沟足病发病率居高不下。

图中远处是两辆燃烧的德军四号坦克⑥。尽管与庞大的豹式坦克相比可谓相形见绌，但德军

四号坦克在阿登战役中仍然最为常见。

　　隐藏在树林中的是一辆 M18 型 76 毫米火炮地狱猫坦克歼击车⑦。它是第二次世界大战中行进速度最快的战车，其设计旨在为坦克歼击车的"寻找、打击、摧毁"作战目标服务。然而，由于配载火炮对豹式坦克和四号 IV/70 型等德军装甲车的摧毁力度不够，其效能受到了削弱。1944—1945 年冬季，配备 90 毫米火炮的更强大 M36 型坦克歼击车成为盟军首选。（彼得·丹尼斯撰文）

·133·

圣诞反击战

恶劣的天气和燃料的匮乏预示着德军在阿登地区末日的开始

到 12 月 23 日,也就是阿登战役的第 8 天,德军攻势的突出部宽约 45 英里,纵深 60 英里,最西线距其主攻目标默兹河约 4 英里。然而,德军装甲部队行动迟缓,远远落后于作战计划,燃料已消耗殆尽,可关键目标尚未攻克。

圣维特和巴斯托涅仍牢牢控制在美军手中。最初的突然袭击阶段一过,盟军抵抗变得越发激烈,战斗进入紧要关头。如今,莫德尔和冯·曼托菲尔都意识到夺取安特卫普是一件不可能完成的任务,因此他们提出一项新的动议,暂缓向默兹河推进,但遭到希特勒拒绝。他命令部队重新前进,迅速渡河,而这无疑是一个短视的决定。

在地面上的德军攻击失去动力之际,随着浓雾消散、大雪停舞,一度受阻的盟军空军得以在阿登地区升空行动。自然,盟军充分利用了天气条件的变化。他们不仅为巴斯托涅被围守军提供了空中补给和支援,还轰炸了德军后方补给站,摧毁了桥梁、道路和铁路线,借以扰乱他们的行动。P-47 雷电战斗轰炸机、P-38 闪电重型战斗机和发射火箭的英军台风战斗轰炸机对敌军及其车辆进行了轮番扫射和袭扰。

友军误炸

12 月 23 日,28 架 B-26 "劫掠者"中型轰炸机起飞,前往马尔梅迪东北 30 余英里处

的曲尔皮希（Zülpich）。当时天空仍然阴云密布，迷航的飞行员要么放弃任务，要么轰炸替代目标。其中 6 架飞机误炸了美军控制的马尔梅迪。据守该镇的第 30 师指挥官利兰·霍布斯（Leland Hobbs）少将疯了一般打电话给第 1 集团军司令部：“飞机正在轰炸马尔梅迪，简直是在下死手。快把他们赶走。”炸弹落到镇中心，炸死士兵和平民，还引发了大火。为控制火势，第 291 工兵团不得不炸毁建筑物以形成防火隔离带。

冬季代价

到平安夜下午，仍有幸存者不断从废墟中被营救出来。此时，18 架 B-24"解放者"飞机飞过该镇，再次对其实施了轰炸。圣诞节当天，4 架 B-26 轰炸机错把马尔梅迪当成圣维特，而这时的圣维特已经落入德军之手。他们投下了 64 枚 250 磅通用炸弹。在 3 次意外空袭中，至少有 125 名比利时平民丧生。镇上的美军被炸身亡 37 人，另有约 100 人受伤。

严寒天气也是一个问题。壕沟足病造成交战双方步兵大量减员，天晴后气温骤降使这一病症更加严重。二等医护兵莱斯特·阿特维尔（Lester Atwell）说："战士们双手皲裂，嘴唇干裂，双脚冻僵。重感冒、壕沟足、肺炎、痢疾相继袭来。由于长时间暴露在这样恶劣的环境中，他们筋疲力尽，身体僵硬，却无法得到救治。

每天越来越多的部队蜂拥而至……在深雪中跋涉了几英里后，他们的制服被雪裹成了白色，脸冻得发紫，上面写满了憔悴，一副惊魂不定的样子。即使是年轻人看上去也十分苍老。"

负责突出部北侧防御的伯纳德·蒙哥马利元帅提出了一个清理战区、准备反攻的计划。他认为，前线不够稳定和安全，无法组织起零打碎敲的反击。第 1 集团军应该展开一系列"自愿撤退"，以巩固防线，诱敌向西深入，消耗其燃料，延长其补给线。应当固守埃尔森伯恩岭以防止德军突出部进一步扩大。

内部冲突

美国人对蒙哥马利的想法不敢苟同。他们宁愿坚持自己的立场。布拉德利、巴顿、霍奇斯和比德尔·史密斯（Bedell Smith）等将军都认为他正在错失反击德军、一举击垮他们的良机。但这位英军指挥官不为所动。蒙哥马利加强了默兹河上桥梁的防御，开始组建由劳顿·柯林斯（J. Lawton Collins）少将指挥的预备队准备反击。他命令在阿登地区西北角部署一支由 4 个师组成的部队，在接到命令之前避免战事。然而，事实证明，置身于战斗之外是不可能的，因为随着美军"自愿"撤退行动的展开，他们逐渐卷入战斗。到平安夜，4 个师的兵力全都介入冲突。

德军第 5 装甲集团军的先头部队被困于塞

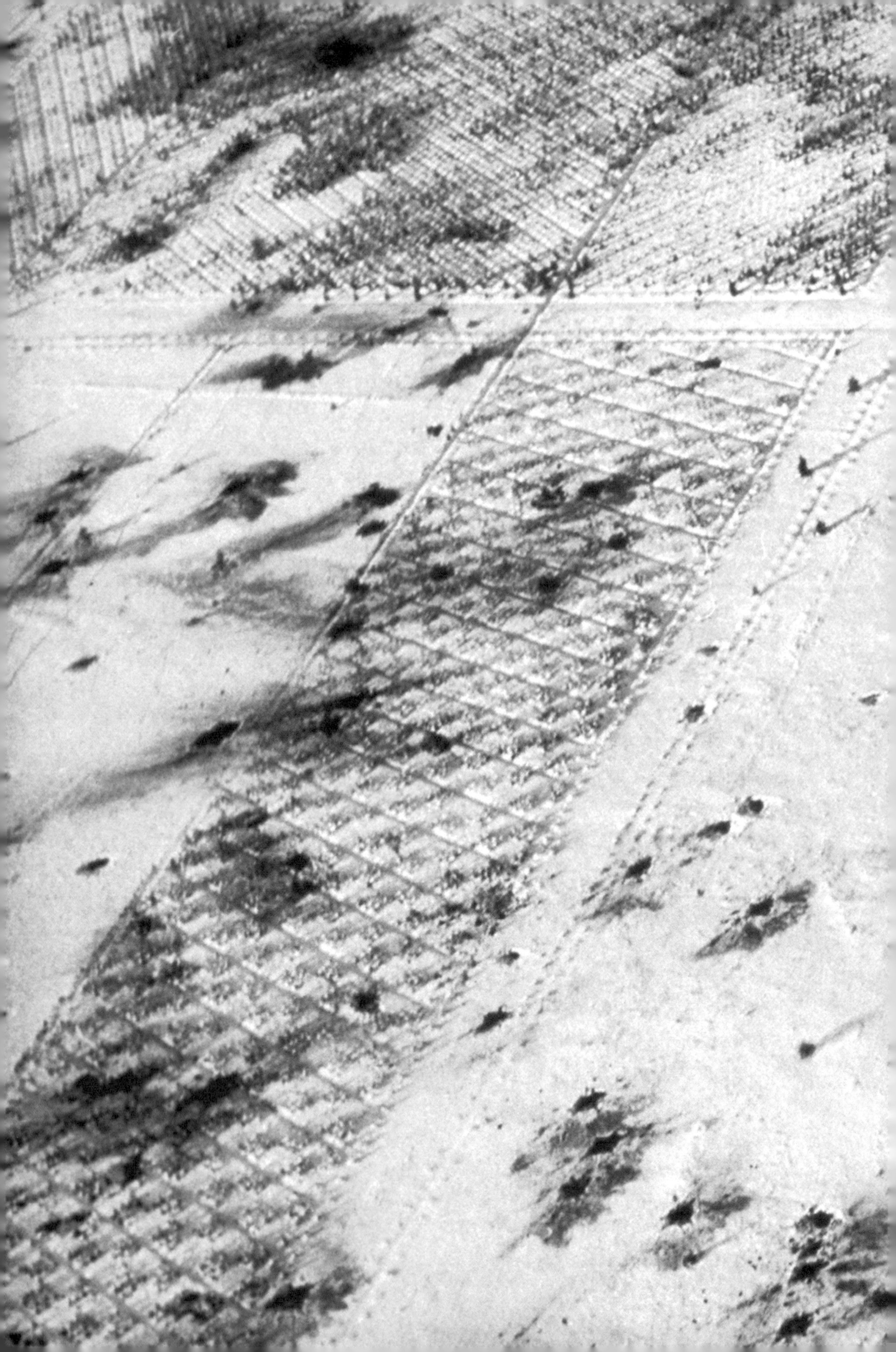

死从天降：这张俯拍照片显示出在朗格里（Langlire）附近的森林空地上被积雪覆盖的种植园中的弹着点

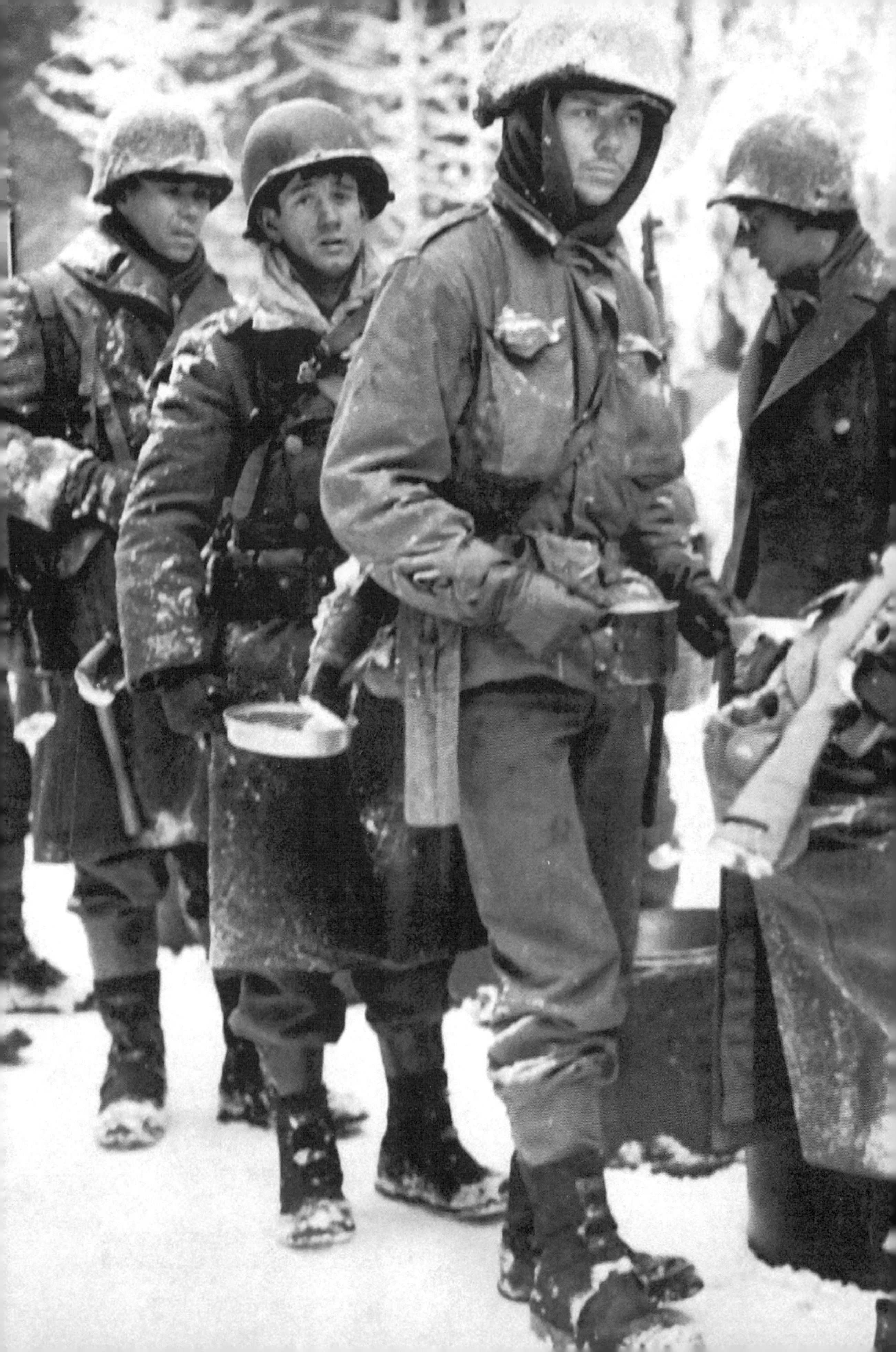

晚餐：1945年1月13日，在前往比利时拉罗什（La Roche）途中，饥肠辘辘的美军第87师士兵排队领取晚餐

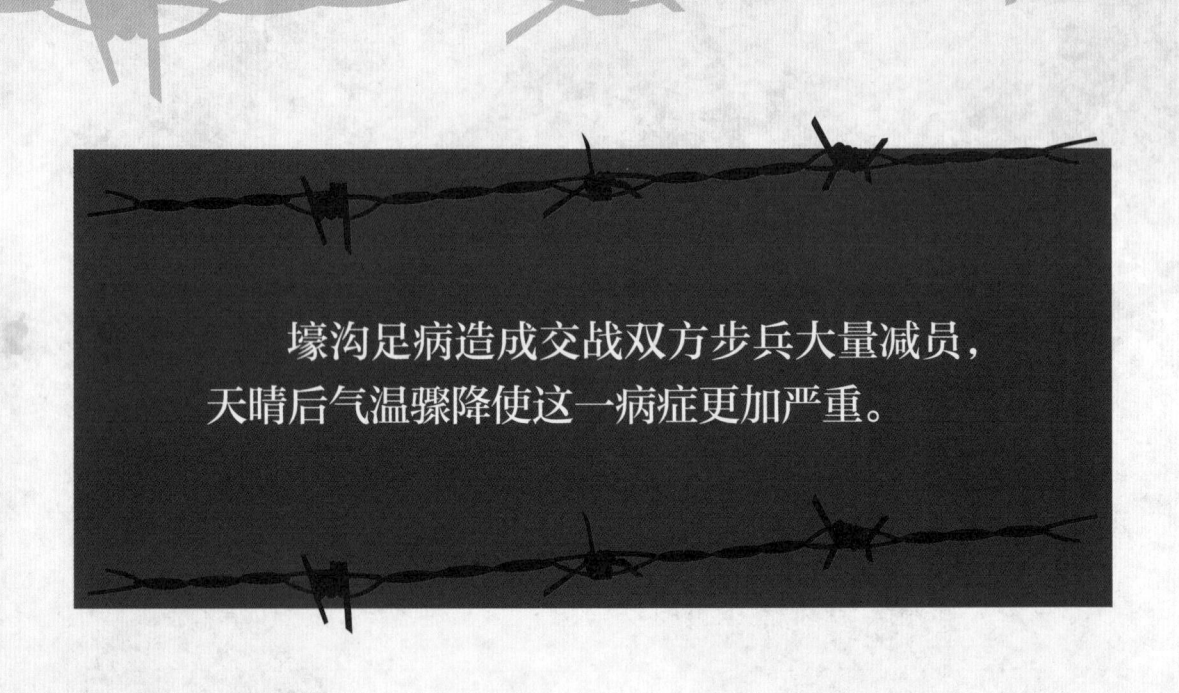

> 壕沟足病造成交战双方步兵大量减员，天晴后气温骤降使这一病症更加严重。

勒，距离默兹河4英里，燃料即将耗尽。此时，有近3个整编装甲师正在赶来增援的途中。假如他们有足够的时间重振旗鼓，便能挺进默兹河，要么过河，要么留守东岸，从侧翼攻击第1集团军。柯林斯不愿意看到任何一种局面成为事实。第2装甲师指挥官欧内斯特·哈蒙（Ernest Harmon）少将向柯林斯报告说，他的巡逻队在塞勒发现状态极差、燃料耗尽的德军第2装甲师。"该死的第2装甲师全都进了我们的口袋。"哈蒙说："你必须立即授权我发动攻击！"

由于柯林斯不便明说，所以哈蒙只能一边准备一边待命。哈蒙最终等来的是一个故意含糊不清的说法，授意他可以采取他认为必要的任何行动。因此，圣诞节早8时，他们对德军第2装甲师发起了进攻。

柯林斯的计划非常简单：调动原分兵阻击莱尔装甲师和第9装甲师的两支部队，将现在几乎动弹不得的第2装甲师团团围住。

于是，战斗团一分为二，在塞勒附近的一片林地上向第2装甲师主力发起攻击。德军很快溃不成军，大约200人被俘。再往西，第2装甲师的侦察营也鱼游釜中，一边是英军，另一边是哈蒙的坦克部队，天上还有居高临下的盟军飞机。

并不安宁的圣诞节

德军第2装甲师第2装甲掷弹兵团报务员、二等兵吉多·格尼尔森（Guido Gnilsen）哀叹道，圣诞节丝毫没给饱受袭扰的德军带来任何喘息之机。

"我们多么希望能过上一个还算安宁的圣诞节啊。阳光明媚，一片祥和。我们继续向西开进，车队发出巨大的轰鸣声，难怪敌人的炮弹直接扔到我们中间……坦克被困在塞勒。没有油料，敌人正准备包围我们。"

在盟军空军支援下，哈蒙的阻击部队出色完成了任务。莱尔装甲师和第 9 装甲师都未能突破重围前去增援困在塞勒的第 2 装甲师。圣诞节当天晚些时候，冯·吕特维茨将军命令他们撤回罗什福尔，抛下第 2 装甲师听任美军的摆布。

12 月 26、27 日，第 2 装甲师两次企图突围，意欲返回德军防线，但都没有成功。在先被围困、后被抛弃的情况下，大约 600 人最终得以脱逃，装备落到盟军手中。盟军缴获（或摧毁）82 辆德军坦克、83 门反坦克火炮和 500 辆汽车。共有 900 名德军士兵阵亡，另有 1213 人被俘。相比之下，盟军阵亡 43 人，负伤 201 人。在被击中的 28 辆坦克中，26 辆很快又重新投入战斗。

希特勒步步紧逼

阿登战役中德军似乎正在土崩瓦解，至少与希特勒最初密谋的那样南辕北辙。德军主动权已经丧失，但战斗仍在继续。到 12 月 28 日，就连希特勒也终于意识到德国的处境已经岌岌可危，但他坚信胜利仍然可以争取。

他说：“尽管忧虑在折磨和摧残着我的肉体，但在胜利的天平最终向我们这边倾斜之前，任何事情都丝毫不会改变我继续战斗的决心。”

在德国有能力扭转战局的狂热信念（尽管有压倒性的相反证据）的鼓舞下，希特勒开始策划新的行动。他声称，阿登战役迫使美国人将 50% 的兵力撤到其他地区，从而令战略要地势单力薄，不堪一击。新的一年可以发动两个新攻势——底盘行动和北风（Nordwind）行动。

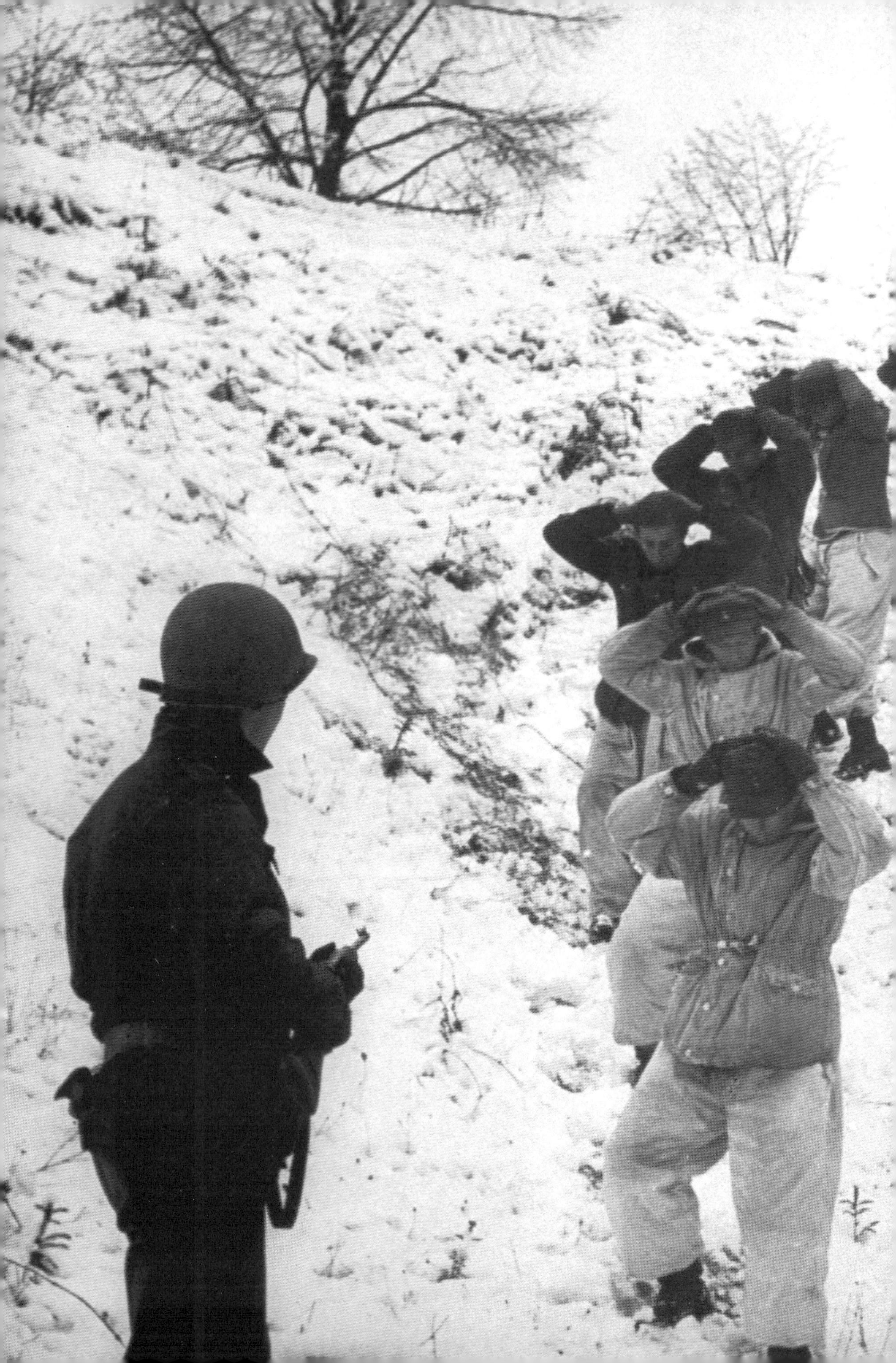

俘虏：美军第1集团军士兵在严密看守阿登森林冬季作战中被俘的德军俘虏

新年行动

希特勒败下阵来,但还没有出局。尽管阿登战役陷入一片乱局,但希特勒坚信,在 1945 年新年到来之际,他下令进行的两次行动将对德军的命运产生决定性影响。事实证明,他只对了一半。德军在 1 月虽有小胜,但却付出了惨重代价……

1945 年 1 月 21 日:向前线运送补给和弹药的美军车辆绕过阿登地区雪地上的弹坑前行

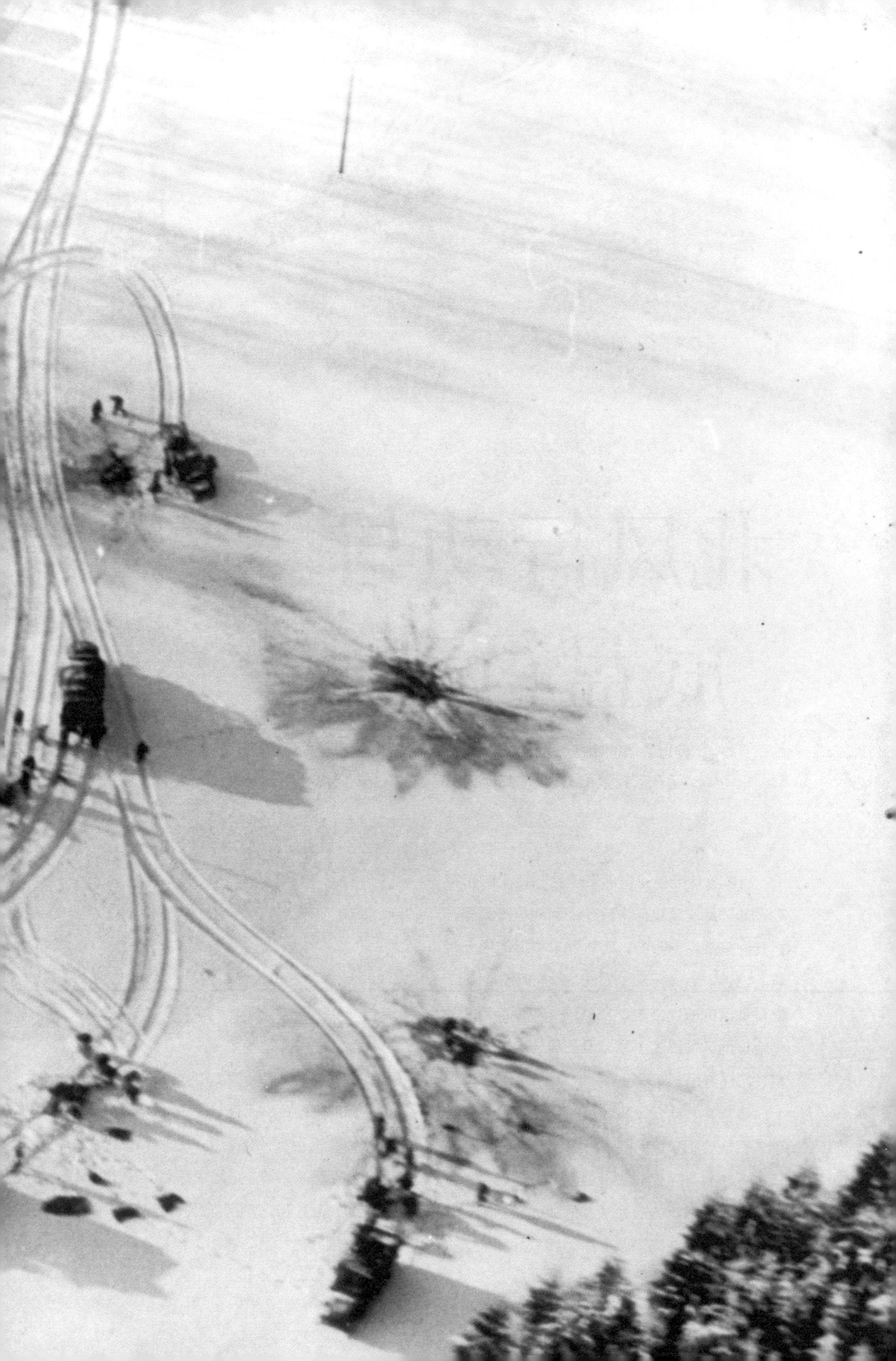

北风行动与底盘行动

狗急跳墙的希特勒发动了两次攻势，旨在"打败和消灭一切发现之敌"

1945年元旦，仍然笃信胜利在望的希特勒发动了两次新攻势，旨在夺回战争主动权，扭转阿登战役的颓势，而对他来讲，结果无疑事与愿违。北风行动是对法国北部阿尔萨斯－洛林地区的一次进攻。1870—1871年普法战争后该地区被德国占领，但在第一次世界大战后又归还法国。

希特勒发动新攻势的逻辑是，阿登战役迫使美军从位于阿登地区南部约125英里的阿尔萨斯－洛林地区撤走。他说："被逼无奈的美国人将大约一半的兵力从其他战线撤到阿登地区，造成他们在阿尔萨斯的防线一触即溃。在那里，我军稳操胜券，最终的胜利将使我主攻方向左翼的威胁荡然无存。"

希特勒的目标昭然若揭，那就是突破美军第7集团军和法军第1集团军在上孚日（Upper Vosges）山脉和阿尔萨斯平原的防线，通过钳形攻势围歼美军第3集团军。

▲ 顺风车：德军空降兵紧抓着虎式坦克的车顶，一路颠簸地向前线开进

艾森豪威尔命令第 7 集团军撤回孚日，但戴高乐却分庭抗礼。

12月28日，他在齐根伯格城堡（Ziegenberg Castle）①指挥部向大约20名将领介绍了行动计划。他说："这次袭击的目标非常明确，那就是歼灭敌军。这不是声誉问题，也不是趁机解放阿尔萨斯全体人民的问题，而是打败和消灭一切发现之敌的问题。"

"这是千秋伟业，能在德国人民心中竖起一座丰碑，也会给世人留下难以磨灭的印象。这将是一次心理上的大胜，让法国人自惭形秽得抬不起头来。不过，这并不重要。正如我之前所说，至关重要的是歼灭盟军的有生力量。"

鏖战

为集中优势兵力发动这场新攻势，德军从西线特别是马其诺防线调走，取而代之的是临时部队。为了这次进攻，德军派出5个国民掷弹兵师（第36、第559、第257、第361、第256师）、第17装甲掷弹兵师和第6山地师。预备队有第21装甲师、第653反坦克连和第25装甲掷弹兵师。兵力不足的美军第7集团军防线单薄，只有6个步兵师（第103、第44、第100、第45、第79、第36师），而防线却长达125英里。刚刚抵达该地区的第14装甲师充作预备队。

同样刚刚抵达的还有第42、第63、第70步兵师。他们没有装甲和炮兵部队。这些部队仍在途中。他们将分为3个特别行动部队，负责堵住美军防线上出现的任何缺口。

12月31日午夜时分，德军发动袭击，随即遭到猛烈抵抗。美军隐蔽到位，反击迅速。即便如此，德军国民掷弹兵还是初战告捷，攻破了从比奇（Bitche）到诺恩霍芬（Neunhoffen）的美军防线。德军用缴获的美军谢尔曼坦克来对付法国军队，引起盟军的混乱。到1月4日，一个10英里宽的突出部已经打开。艾森豪威尔命令盟军指挥官雅各布·德弗斯将军将第7集团军撤回孚日，但抵抗组织"自由法国"领导人夏尔·戴高乐将军却表示反对，因为这将使斯特拉斯堡（Strasbourg）变得不堪一击。艾森豪威尔极不情愿地同意撤至马其诺防线，以便让斯特拉斯堡仍可固守。这场战斗变成了消耗战。据美国官方历史记载："随着美军增援部队遭遇德军进攻，战斗很快演变成一场艰苦卓绝的冬季步兵战，争夺重点是积雪覆盖的山路沿线的城镇。"

1月5日，德军开始对斯特拉斯堡北部发动大规模袭击。1月6日，德国空军利用恶劣天气的窗口期，在战场上空飞行了175架次。1月7日，斯特拉斯堡再次遭袭。据美国官方历史记载："小镇上出现了短兵相接的肉搏。徒步装甲掷弹兵和装甲步兵与步兵并肩作战。几乎对每一幢建筑都发生过激烈的争夺。一天下来，各方都会对己方所控制的房屋和建筑数量进行统计。身处烟雾、雾霾和黑暗之中的友军经常会发现他们相互开火。很少有人胆敢在狭窄但开放的街道上行进。他们更愿意借助被炸毁的房屋内墙进退。"

拯救斯特拉斯堡

尽管更加猛烈的袭击接踵而至，而且纳粹吹嘘将在1月30日希特勒就任德国总理周年纪念日当天，让万字旗在斯特拉斯堡上空高高飘扬，但德军攻势渐成强弩之末。美军防线守了下来，斯特拉斯堡得救了。

---

① 即"鹰巢"所在地。——译注

1月25日左右，德军第21装甲师、第7伞兵师和第25装甲师悄然撤退，放弃了上个月占领的没有战略价值的20英里平地。

事实证明，北风行动折戟而归。双方损失惨重，都付出了令人难以置信的代价。德军伤亡约25000人，美军15600人。

第二次世界大战中德军这最后一次攻势并非如希特勒所希望的那样，令美军拆了东墙补西墙，减少阿登地区驻军以增援其他防线。事实上，正如军事历史学家查尔斯·麦克唐纳（Charles B. MacDonald）所言，效果适得其反。

"为避免德军向北推进，1月10日，艾森豪威尔和布拉德利不顾巴顿的强烈反对，命其派遣一个师的兵力增援在萨尔（Saar）防线上过度分散的第20兵团。巴顿挑选的是第4装甲师。该师只有42辆中型坦克，亟需休整。仅此而已。"

底盘行动

底盘行动实施得较为顺利。原计划12月14日开始的行动推迟到1945年元旦。10个德国空军王牌编队针对法国、荷兰和比利时的27个机场飞行1035架次，摧毁盟军战斗机和战斗轰炸机的地面打击能力，进而实现了双重收益。

一是被削弱的盟军空军无法为阿登战役参战部队提供空中支援，二是德国的城市和工厂将从暂停的夜间轰炸中得到喘息之机。行动的保密工作做得滴水不漏。一些德军地面部队和海军部队没有接到行动通知，导致友军之间发生交火。

盟军情报部门察觉到德军在该地区的动向，但没有收到任何行动的预警。德军命令："袭击之前保持无线电完全静默。所有飞行中队于凌晨同时低空飞越边境突袭敌空军，一举将其摧毁在地面。"

战争进入这个阶段，征召足够数量的飞行员是德军面临的一个极大挑战。每一个可用飞行员都参与了底盘行动，甚至连通常不亲自飞行而是发号施令的高级参谋人员也得坐进驾驶舱。没有经验的飞行员也得奉命跟随更有经验的飞行员扑向攻击目标。

容克-88轰炸机打头阵，参战飞机大多是梅塞施密特Bf-109战斗机和"百舌鸟"Fw-190战斗机。飞行员们对战情知之甚少，往往只了解行动的基本要求。虽然信息匮乏降低了泄密风险，但也在军中引起了混乱。

突然袭击

1月1日清晨5时，飞行员们起床。天气预报称万里无云，飞机顺利升空。为躲避盟军雷达，飞机超低空飞行。因计划失误，部分中队飞越了海牙附近的V-2火箭发射场，造成友军防空火力大开。即便如此，16个盟军机场遭到空袭，数百架战斗机、轰炸机和运输机毁于一旦。

虽然许多没有经验的德军飞行员并不擅长射击，但他们仍然给盟军造成很大损失，耗尽弹药后成功返航。一名德国空军飞行员回忆道："我下令重新编队，然后又看了一眼地面上冒着浓烟、烈焰翻滚的废墟。积雪已经融化，在燃烧的飞机之间形成了肮脏的灰色水面。我们飞离时，只有一门高射炮开火，但已无济于事。"

行动的保密工作做得滴水不漏。一些德军地面部队和海军部队没有接到行动通知，导致友军之间发生交火。

代价惨重的胜利

德军轰炸机造成的破坏十分严重。布鲁塞尔附近的一个机场被摧毁，123架喷火式和台风式战斗机连同C-47运输机和"空中堡垒"重型轰炸机葬身火海。在梅茨-菲斯凯蒂（Metz-Frescaty）空军基地，美国陆军航空队（USAAF）的22架P-47雷电战斗轰炸机被毁，受伤11架。在底盘行动中，共有约300架盟军飞机被炸毁，不过，德国空军也并非毫发无损。

大约90架德军飞机被盟军高射炮火、友军炮火和匆忙间紧急升空的盟军飞机击落。许多阵亡或被俘的飞行员都是经验丰富的老兵，这给仍在德国空军残余部队中服役的新兵带来了更大的压力。

底盘行动之后的一个星期，盟军在阿登地区的空中力量损失殆尽，但缺位很快得到补充。考虑到德国工厂承受的巨大压力以及德国

出局：一名美军士兵在检查德军飞机的残骸。这架飞机在卢森堡阿瑟伯恩（Asselborn）附近被美军第3集团军防空炮火击落

飞行员的严重短缺，德国空军的损失不可能一朝一夕便能得到弥补。

尽管在摧毁盟军飞机方面有所斩获，但底盘行动也削弱了德国的空军力量，其承受的损失远远超出了其再生的能力。歼击机部队司令阿道夫·加兰德（Adolf Galland）后来哀叹道："最后一样打人的利器也没了。"

尽管短期内取得了有限的成功，但底盘行动迎来的是一场不折不扣的代价高昂的胜利，致使德国在战争剩下的17个星期里无法保卫自己的领空。正如德国历史学家维尔纳·吉尔比格（Werner Girbig）所说，对于一个在两条战线上苦苦挣扎的国家来说，这次行动从长远来看代价高昂。

"直到1944年秋天，德国战斗机部队才踏上这条死亡之路，而正是这一有争议的底盘行动给了气数已尽的战斗机部队致命一击。从那时起，所发生的一切不过都是回光返照。"

1945 年元旦
底盘行动

1月1日上午9时30分，德国空军以"底盘行动"为代号，向盟军机场发动了拖延已久的攻击。参战的有第51轰炸机联队的"暴风鸟"战斗轰炸机①。这是希特勒的新奇武器之一。其中21架参与了对英国皇家空军在荷兰的埃因霍芬（Eindhoven）和海斯（Heesch）机场的袭击。埃因霍芬机场空袭是与纳粹第3战斗机联队的Bf-109和Fw-190战斗机②联合完成的，也是两次行动中较为成功的一次，通过3轮打击，炸毁或破坏了大约50架停靠在那里的台风式③

和喷火式战斗机。第6战斗机联队对海斯机场的袭击收效甚微，一架Me-262战斗轰炸机被地面防空炮火击落。

第51轰炸机联队是当时德国空军的主力，座机为Me-262战斗轰炸机。1944年后期，Me-262机型的大部分飞行任务均由该联队承担。第1大队从莱茵（Rheine）和霍普斯滕（Hopsten）空军基地起飞，第2大队从赫塞普（Hesepe）空军基地升空。在阿登战役中，他们多次执行地面攻击任务。鉴于高速低空飞行过

程中投放非制导炸弹的难度之大，没有证据表明他们实际战果究竟如何。第 51 轰炸机联队在 12 月的阿登地区作战中共损失 5 架飞机，其中 4 架被战斗机击落，1 架被高射炮摧毁。

有关 Me-262 战斗轰炸机机型的由来人们各执一词。尽管这款飞机的初始设计是战斗机，但希特勒偏执地认为应该把它用作战斗轰炸机。它可以在机头下携带两颗 550 磅炸弹④以及额外的燃料以延长航程。然而，为减轻重量，4 门 30 毫米机关炮中的两门予以拆除。它远非理想的战斗轰炸机，因为除了危险的低空打击和浅角度俯冲之外，飞行员很难瞄准攻击目标。

1944 年 7 月下旬，首架 Me-262 飞机被分配到在法国申克（Schenk）的试飞队，8 月中旬更命为 I/KG 51。在整个 8 月，有数架 Me-262 飞机间或执行对盟军展开地面攻击任务。1944 年 8 月 28 日，这种新型喷气式战斗轰炸机中的一驾在布鲁塞尔附近被美军 P-47 雷电战斗机击落。图中"暴风鸟"带有 KG 51 的独特标记。部队标记包括机头和机尾上的白色尖端⑤。机身侧面⑥的部队番号由 4 个字母组成，如图所示为 9K + CP，其中 9K 代表 KG 51，第 3 个放大字母指代该架飞机，最后一个字母表示所属飞行中队（H，K，L，M，N，P）。

飞机的伪装迷彩涂层堪称这一时期的典型。浅蓝色（编号 RLM 76）底漆，上层机身漆成紫褐色（编号 RLM 81）和暗绿色（编号 82），呈斑驳状不规则延伸至机身两侧。

1945 年 1 月 9 日
进攻马其诺防线

20 世纪 30 年代,法军构建了马其诺筑垒配系。德军费彻廷格(Feuchtinger)战斗群向阿格诺(Haguenau)森林的推进至此被迫停了下来。

哈滕(Hatten)镇东侧有暗炮台数座,里特斯霍芬(Rittershoffen)镇后方还有观察掩体和人员避难所。1 月 9 日,第 25 装甲掷弹兵师接到突破这条防线的任务后,立即着手准备,开始集结装备有便携式火焰喷射器和炸药的工兵先锋队。此外,装备有 10 辆 38 吨喷火坦克①的第 352 装甲火焰喷射连也编入战斗群,专门用于攻克类似防御工事。

对付这些掩体的惯用策略是,在黎明前几小时清除铁丝网障碍物,进行初步扫雷。

在这场 1 月的战斗中,雷场构成了极不寻常

的威胁，因为 1944 年 12 月第 3 个星期里突如其来的霜冻，使早已被雨水浸透的地面和地下埋着的地雷结冰。

哈滕镇郊外的美军步兵防线不仅依靠暗炮台，还离不开步兵战壕和 57 毫米反坦克炮。德军炮兵提前压制住了美军火力，并用突击炮或坦克歼灭掩体外残存的防御力量。一旦外部防御受到钳制，掩体就会遭到德军工兵先锋队或 38 吨喷火坦克的攻击。

图中背景里的 38 吨喷火坦克有一个工兵先锋队②协同作战，因为尽管火焰喷射器多次攻击，但仍经常需要使用炸药将美军守军从掩体中炸出。

1944 年 11 月 27 日，希特勒专门为北风行动配备了 38 吨喷火坦克。它是普通的 38 吨追猎者坦克，但配备了一款科比式火焰喷射器，用来代替普通的 75 毫米火炮，燃料由车内 185 加仑的燃料箱供给，足以喷射 60～70 次火焰③，有效射程约为 50 米。

这是该连首次使用这些坦克，但在哈滕－里特斯霍芬战斗中损失惨重。后来，有几辆被部署到法国里特斯霍芬街头战斗中，其中两辆被美军炮火摧毁。

舍诺涅大屠杀

纳粹党卫军杀害战俘和平民的行径点燃了美军的怒火。1945 年 1 月 1 日，美军第 11 装甲师的一支部队得以报仇雪恨

参与阿登战役的德军是臭名昭著的野蛮之师，尤以征战北部肩状突出部的派普战斗群为甚。在马尔梅迪，84 名美军战俘被党卫军射杀；在卫若斯，11 名非洲裔美国大兵在向德军投降后遭到折磨和杀害。平民也没能幸免。在斯塔沃洛，92 名男女老幼被古斯塔夫·克尼特尔（Gustav Knittel）少校部下杀害，据称是因为他们帮助了美国人；在班德（Bande），32 名年轻男子被盖世太保杀害，作为对该村在抵抗运动中所扮演角色的报复。

据军事历史学家、前陆军情报官休·科尔（Hugh M. Cole）讲，"截至（1944 年）12 月 20 日，派普手下已

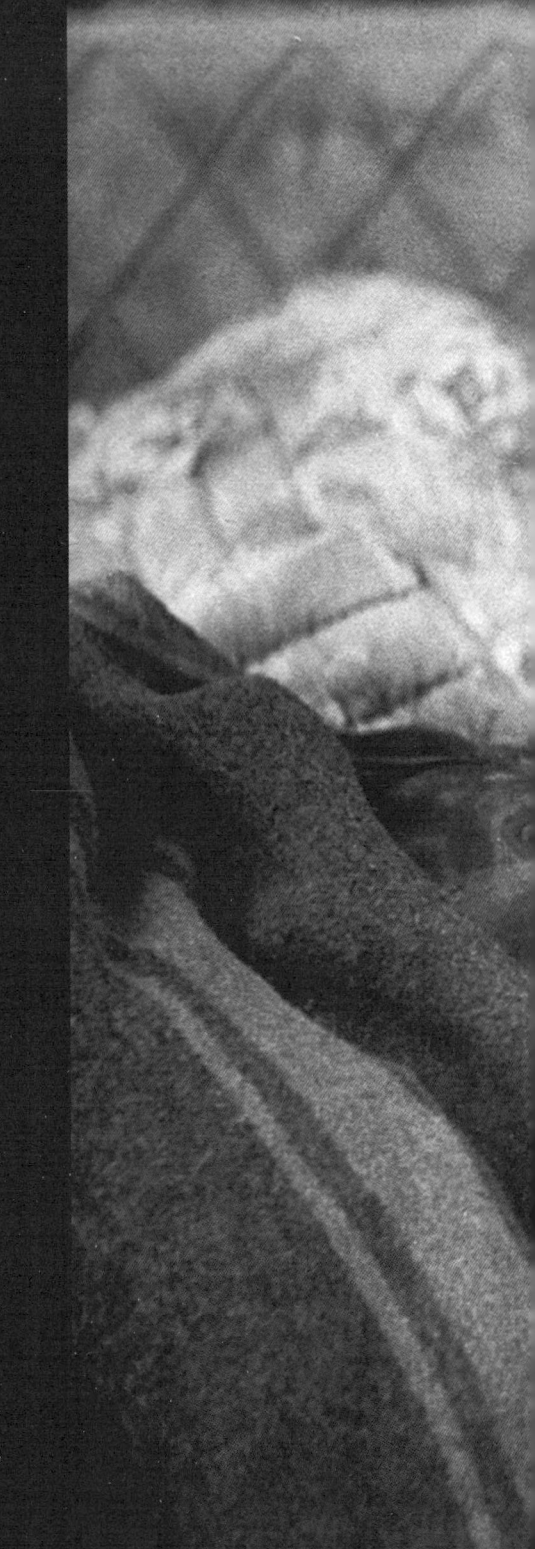

俘虏：一名袭击美军燃料库的德军伤兵被俘后躺在行军床上

> 关于马尔梅迪和斯塔沃洛大屠杀的消息在盟军中不胫而走，点燃了一些人的怒火。

经杀害了大约350名美军战俘和至少100名手无寸铁的比利时平民。这些数字来自派普战斗群行进路线上12个不同地点的杀戮统计。"在1946年对派普的审判中，他声称希特勒曾下令"掀起一波恐怖浪潮，不要展现人类的丝毫克制"。

不准投降

自然，关于这些屠杀和暴行的消息在盟军中不胫而走，点燃了一些人的怒火。有部队发布命令称："不要抓党卫军或空降兵的俘虏，必须当场击毙。"正如休·科尔所言："12月17日马尔梅迪屠杀大白于天下后，想要投降的德国兵所冒的风险很可能比秋季战役时要大。"

1945年1月1日，在比利时舍诺涅（Chenogne）村作战的美军第11装甲师的一支队伍却走了极端。一场激烈的战斗结束后，在房屋里据守的德国兵跑出来躲避坦克炮击引发的大火。作家约瑟夫·卡明斯（Joseph Cummins）说："第一批出来的是挥舞着红十字旗的德军医护人员。美军立刻将他们射杀。越来越多的德国兵冲了出来，随即也遭到机枪扫射。"随后发生的事情更为糟糕。大约60名德国兵被俘，在街上排成一行。一名中士喊道："别在这儿动手，森林里的人（尚未投降的德国兵）能看到。带他们到山后去。"在山的背后，机枪把他们悉数射杀。

至暗时刻

美军第11装甲师第21装甲步兵营B连的约翰·法格（John Fague）是这场屠杀的目击者。在《霹雳部队史话》（Thunderbolt Unit Histories）口述史采访中，他说："一些战士让战俘排成一行。我知道他们要干掉这些战俘。我可不愿干这种事儿。我躲在一辆坦克后面，这样他们就看不到我，也就不会让我参与了。还好，有个人决定不在光天化日之下开枪，因为躲在森林里的德国兵会看到他们施暴。他们把战俘押到山后，连同那天早上我们抓到的其他战俘一起毙了。"

他继续说道："当我们爬上镇外的山上时，我看到我们的人把德军俘虏排成两排，分别站在路两边的田野里，随后机枪就响了。我们犯下的罪行与被指控德军犯下的没什么两样，虽然当时我并没有意识到事情的可怕。"

"我不想参与杀戮。我最担心的是躲在森林里的德国兵会看到这场屠杀。那样的话，将来如果我们被抓，也必定遭此厄运。我转过身去，背对着屠杀现场，继续爬山。"

结局

"二战"结束以来，舍诺涅大屠杀很少受到关注。没有人因此受到起诉。许多关于阿登战役的著述否认美军屠杀德军战俘的事情曾经发生过。例如，休·科尔为美国政府撰写阿登战役官方历史时说："可是，没有证据证明，美国军人奉命（不管是明示还是暗示）屠杀了党卫军战俘。"

屠杀或许让巴顿将军感到震惊。他在1945年1月4日的日记中写道："第11装甲师非常年轻，为此蒙受了不必要的损失，也发生了一些诸如枪杀战俘等不幸事件。希望这事我们能瞒得住。"

战役后期的目击者报告似乎暗示第11装甲师并非唯一一个不愿抓俘虏的师。据第30师列兵丹尼斯·拉西科特（Dennis C.Racicot）回忆："6名德国兵从地下室楼梯间走出来投降。没有人携带武器，所有人都害怕我们杀了他们。他们有充分的理由这样想，因为我们接到命令：不要任何战俘。"

"我们把这些家伙带出房子，押到街上，遇到了我们的连长……他一看到战俘就大发雷霆，问德国兵被困在地下室时，为什么我们没往里扔手榴弹把他们炸死。"

盟军反击

对策划盟军反击的艾森豪威尔和巴顿来讲,兵力有限和天气恶劣是他们最大的隐忧

解放:1945年1月20日巴斯通战役之后,在蒙勒邦(Mont-le-Ban)附近行进的一队美军步兵

时间来到 1945 年 1 月初，阿登战役陷入停顿状态。德军第 2 装甲师在默兹河附近遭到拦截，派普战斗群在北部肩状突出部止步不前，德军主攻目标如巴斯通镇等仍在盟军掌控之中。现在到了盟军反击的时候了：顶回突出部，让前线恢复到 1944 年 12 月时的状态。计划就此敲定。

> 倘若希特勒将部队从东线调至西线，这很可能会成为压垮早已损兵折将的盟军部队的最后一根稻草。

南部的巴顿将军第 3 集团军向北进攻，北部的蒙哥马利部队向南推进，两军在乌尔河沿岸的胡法利兹（Houffalize）附近会师。然而，盟军权力走廊内部也存在着隐忧。艾森豪威尔和巴顿都担心可用的兵力有限。例如，美国第 1 集团军在 12 月下半月便损失了 41000 余人，但兵员补充到位的只有 15295 人。虽然德军攻势暂时停歇，但倘若希特勒将部队从东线调至西线，这很可能会成为压垮早已损兵折将的盟军部队的最后一根稻草。艾森豪威尔已经说服华盛顿加快部署 1 个空降师、3 个步兵师和 3 个装甲师，但要等到 2 月才能到达。

准备进攻

艾森豪威尔希望蒙哥马利在 1 月 1 日发动进攻，但这位英国将军不愿意调动他的步兵，因为新年期间天气恶劣，步兵尚未做好充分准备。由于气温大幅骤降，部队不得不每半小时开启一次卡车引擎，以防止燃油冻结。1 月 3 日，进攻开始。

乐观的艾森豪威尔相信盟军可以把突出部的德军打得落花流水，然后一鼓作气穿过阿登地区直捣德国。随着反击行动的开始，霍奇斯将军率领的第 1 集团军从北面起势，沿着 25 英里的前线发动进攻；第 7 兵团向东南方向推进；第 18 空降兵团直扑圣维特；第 5 兵团越过埃尔森伯恩岭。在南部，巴顿第 3 集团军向维尔茨挺进，他的第 8 兵团从巴斯通向北进发。再往西，英国第 30 兵团向东逼近。

尽管第 366 美军战斗机联队声称在圣维特附近有 200 辆敌军车辆被摧毁，但由于天气原因，空中支援并不给力。地面炮火支援也不值一提，因为阴云密布使得炮击观测变得异常困难。在这样糟糕的天气状况下，德军也面临同样的问题。

冯·曼托菲尔将军将他的第 5 装甲集团军撤回巴斯通，准备迎击盟军的进攻。他的师已经精疲力竭，战员不整，兵力不足，装甲车和炮兵捉襟见肘。最致命的是，他们极度缺乏燃料。大撤退迫使他们丢弃了大部分重型装备和车辆，跑步前进。

据冯·曼托菲尔本人后来讲："1945 年 1 月 3 日敌军发动的反击，彻底改变了前线战势和作战行动。我告诉部队边打边撤。我强调，部队之间要加强协同配合，保持畅通联络，以防敌人在我军防区内突破。"

"由于缺少燃料，加之休整、维修和后勤保障严重不足，我们自毁或丢弃的坦克远远多于阿登战役期间敌军所摧毁的。一些大炮也没放一弹就落入敌军之手。"

尽管危机不断升级，但希特勒仍一如既往地冥顽不化，拒绝全面撤回莱茵河的请求。不过，他确实撤回了赛普·迪特里希的党卫军第6装甲军，以便开赴东线执行任务，期望第6集团军能堵住他们留下的缺口。这让冯·曼托菲尔感到非常沮丧。

取得进展

尽管盟军将领们动辄分庭抗礼，但英美两军还是取得了很大进展。交战双方都受到冰封地面和严寒天气的影响，坦克行动变得相当危险，想要绕过毁损车辆或路上弹坑而不滑进沟里颇为困难。据德军第5装甲集团军报务员汉斯·贝伦斯（Hans Behrens）回忆："美军坦克履带上有橡胶垫。路面要么积雪，要么结冰，他们的坦克滑得东倒西歪，到处都是。"

英军第11装甲师第23轻骑兵团的坦克兵发现钢制履带也会遇到同样的麻烦。"路面糟糕得吓人。头重脚轻的谢尔曼坦克像头喝醉的大象，在钢履带上笨拙地滑行。"

1月6日，英国首相温斯顿·丘吉尔担心德国人会从东线撤军以增援阿登，亲自给苏联领导人斯大林写信，敦促他发动承诺已久的冬季攻势。"西线战斗非常激烈，"他写道，"以您的经验，当漫长的防线遭到突然袭击后不得不加以防守时，您知道这一处境有多么令人焦虑。如蒙您告知我们能否指望贵国在1月向德军发动大规模进攻，我将不胜感激。弁急切切。"

斯大林期望先于英美军队挺进柏林，况且显而易见的是，盟军反击很可能会推进到德国境内。因此，6天后，他向上维斯杜拉（Upper Vistula）发动了大规模攻势。

苏军进攻

到1月8日，北部和南部盟军的先头部队大约相距12英里。除非希特勒从日渐薄弱的突出部撤军，否则他们将面临灭顶之灾。军事历史学家斯蒂芬·西尔斯对希特勒的困境如是说："希特勒终于学会了直面残酷的现实。他跨过默兹河、攻克安特卫普、歼灭西线盟军的黄粱美梦已经破灭。"

胡法利兹以西的德军全都撤回到巴斯通以北5英里的防线上。撤退行动再次受到严寒天气和缺乏燃料的困扰。许多车辆被遗弃，路上的卡车和坦克随处可见。

同日，盟军代号"超级"（ULTRA）的密码破译行动截获了一条绝密命令：从鲁尔下线的新坦克全部运往东线。这清楚地表明希特勒的进攻优先选项不再是阿登。这场阿登战役实际上已经画上句号，尽管战斗仍在突出部地区继续。

1月12日，也就是苏联对东线发动大规模进攻的同一天，巴顿的3个师围歼了一支由15000名德军空降兵组成的部队。但是，德军杀开了一条通过胡法利兹的血路，即使这个小镇已经进入了霍奇斯炮兵的射程。小镇很快就被炮火摧毁。美军士兵英勇作战，只是许多人稚气未脱，没有经验，缺乏挡住拼死逃窜之敌的能力。

巴顿在1月13日的日记中写道："军队的态度完全改变了。他们现在信心满满，清楚自己正在痛打落水狗，纵然巴斯通北部和东北部的德军为守住逃亡路线正在拼死抵抗。"

在德军底盘行动以极其昂贵的代价取得成功之后，盟军已经完全掌握了制空权。1月上半月，有10天每天飞行1000多架次，攻击正在撤退的德军，炸毁桥梁和铁路线以进一步阻碍撤军。

1月15日晚些时候，巴顿将军向北派出侦察部队，穿过德军防线，与第1集团军会合。其中有迈克尔·格林（Michael Greene）少校

> 除非希特勒从日渐薄弱的突出部撤军，否则他们将面临灭顶之灾。

指挥的格林特遣队。这支由450名士兵组成的部队配备有轻型坦克、装甲车、半履带车和吉普车。抵达胡法利兹时，他们被德军发现，但成功打退了攻击者，随即向北部的一个山脊运动，在那里他们看到了一支部队。派出去侦察的巡逻队很快就返了回来，称是美国第2装甲师。第1集团军和第3集团军之间由此建立了联系。突出部被一切两半，大约20000名德军士兵成了瓮中之鳖。

德军退却

留在胡法利兹以东的德军现在只能撤退到齐格菲防线。这是在极端天气里的一次痛苦败退，大部分时间要靠步行。历史学家约翰·霍兰德认为："德军士兵的意志力已经崩溃。从撤退中幸存下来的士兵都不相信德军有丝毫胜算。阿登战役中德军的每一个残兵败将都带回了一个厄运缠身的故事，叙述着盟军压倒性力量和阿登战役成就的盟军战士的慑人传说。"

随着盟军的步步紧逼，圣维特终于在1月23日被美军第7装甲师重新夺回。在德军进攻之初，该师曾是那里的守军。到1月25日，最后一批撤退的德军已经撤回到12月前的远离前线的地区。战斗终于结束，突出部已被根除。

开火：美军士兵在发射迫击炮。从左至右：列兵菲耶多（R. W. Fierdo）、上士亚当·卡林卡（Adam J. Calinca）、技术军士托马斯（W. O. Thomas）

图例

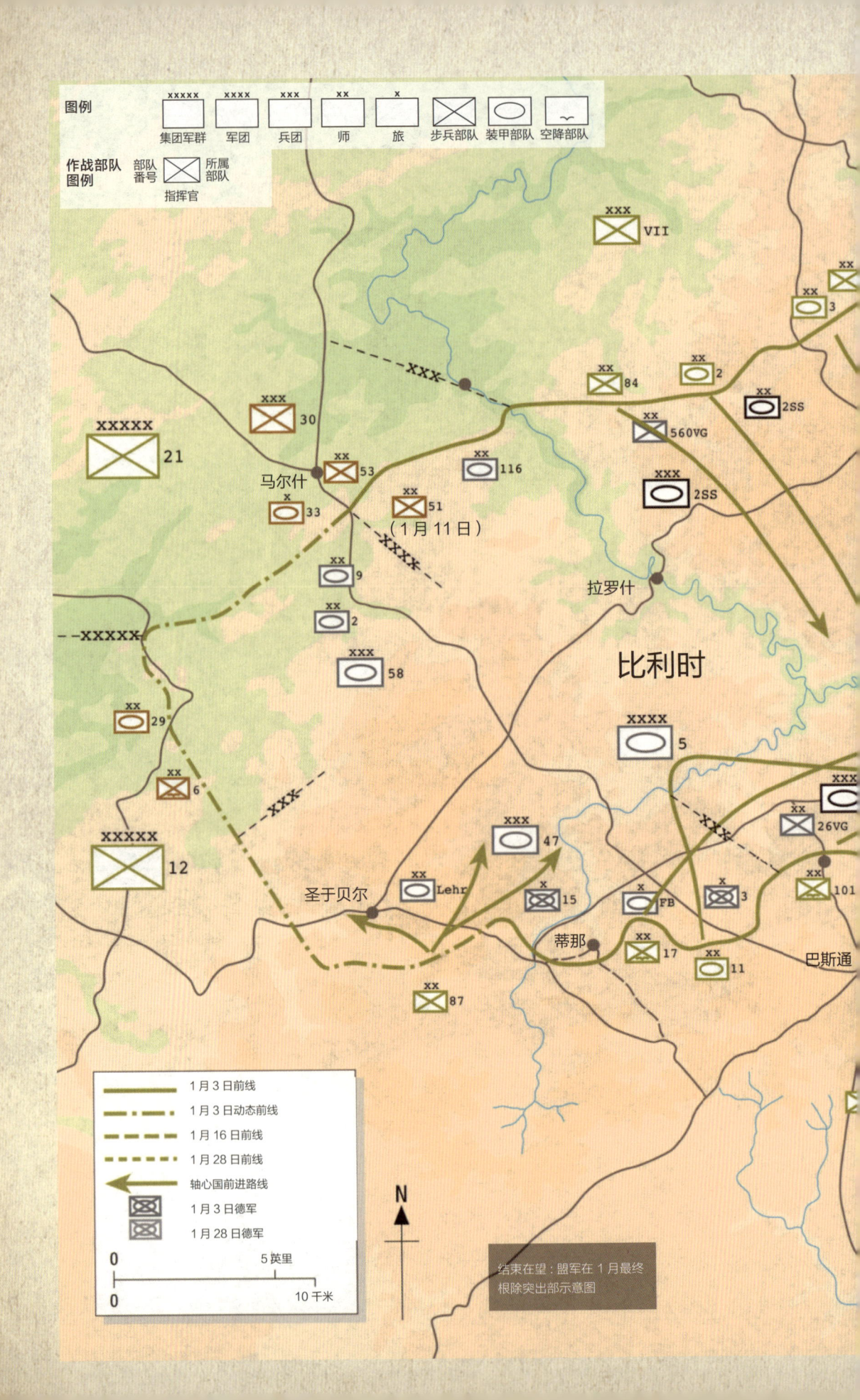

xxxxx	集团军群
xxxx	军团
xxx	兵团
xx	师
x	旅
⊠	步兵部队
⬭	装甲部队
⌒	空降部队

作战部队图例：部队番号 / 所属部队 / 指挥官

地图标注

- VII
- 3
- 84
- 2
- 560VG
- 2SS
- 30
- 53
- 116
- 2SS
- 马尔什
- 33
- 51（1月11日）
- 9
- 拉罗什
- 2
- 58
- 比利时
- 21
- 29
- 6
- 5
- 26VG
- 12
- 47
- Lehr
- 15
- FB
- 3
- 101
- 圣于贝尔
- 17
- 11
- 蒂那
- 巴斯通
- 87

图例（下）

- 1月3日前线
- 1月3日动态前线
- 1月16日前线
- 1月28日前线
- 轴心国前进路线
- 1月3日德军
- 1月28日德军

0 — 5 英里
0 — 10 千米

N

结束在望：盟军在1月最终根除突出部示意图

地图：阿登战役相关区域

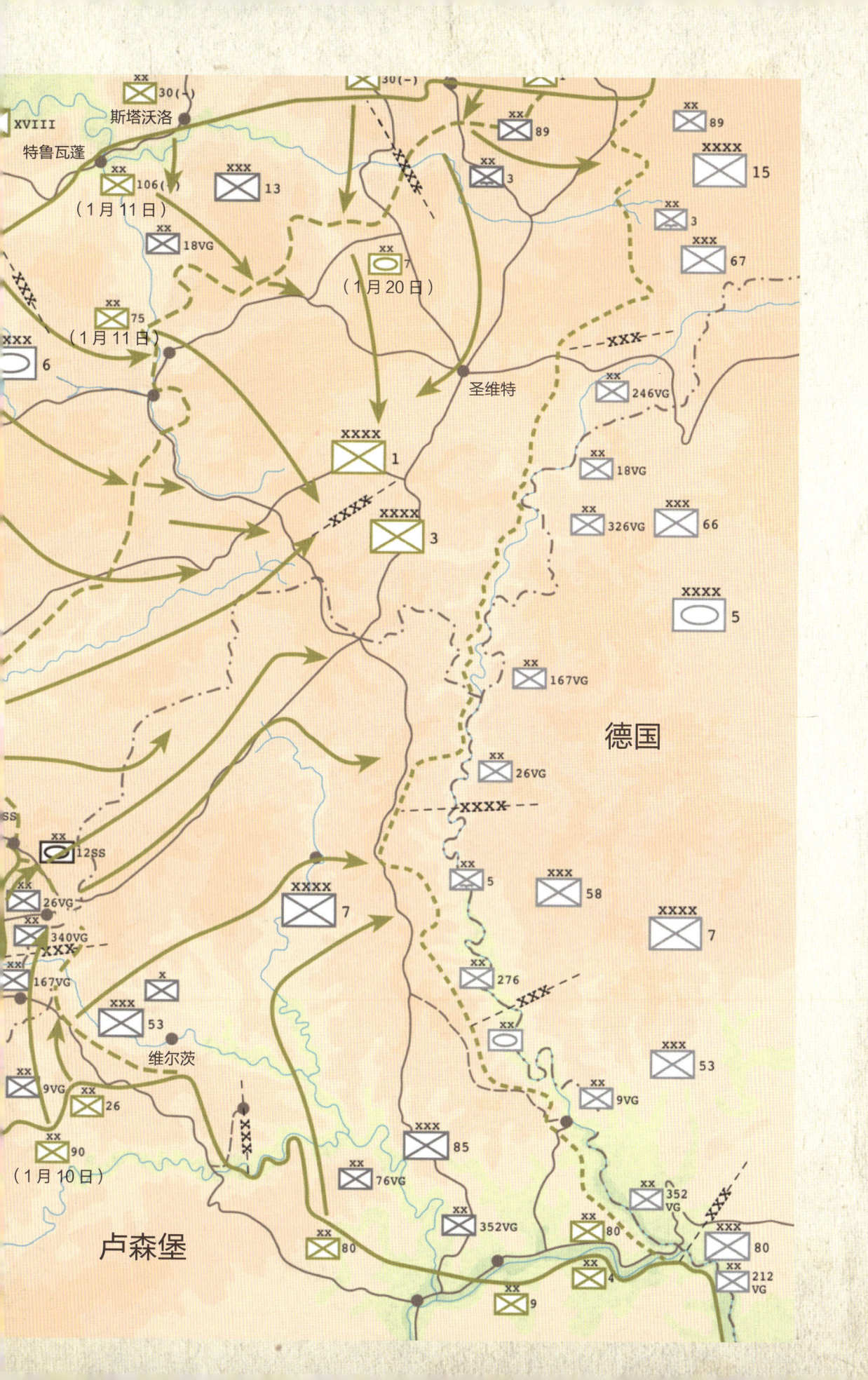

主要地名标注：
- 斯塔沃洛
- 特鲁瓦蓬
- 圣维特
- 维尔茨
- 卢森堡
- 德国

部队单位标注：
- XVIII
- 30(-)
- 106(-)（1月11日）
- 18VG
- 13
- 89
- 3
- 15
- 67
- 75（1月11日）
- 7（1月20日）
- 6
- 1
- 3
- 246VG
- 18VG
- 326VG
- 66
- 5
- 167VG
- 26VG
- 12SS
- 26VG
- 340VG
- 167VG
- 53
- 9VG
- 26
- 90（1月10日）
- 7
- 5
- 58
- 7
- 276
- 53
- 9VG
- 85
- 76VG
- 352VG
- 80
- 352VG
- 80
- 4
- 9
- 212VG

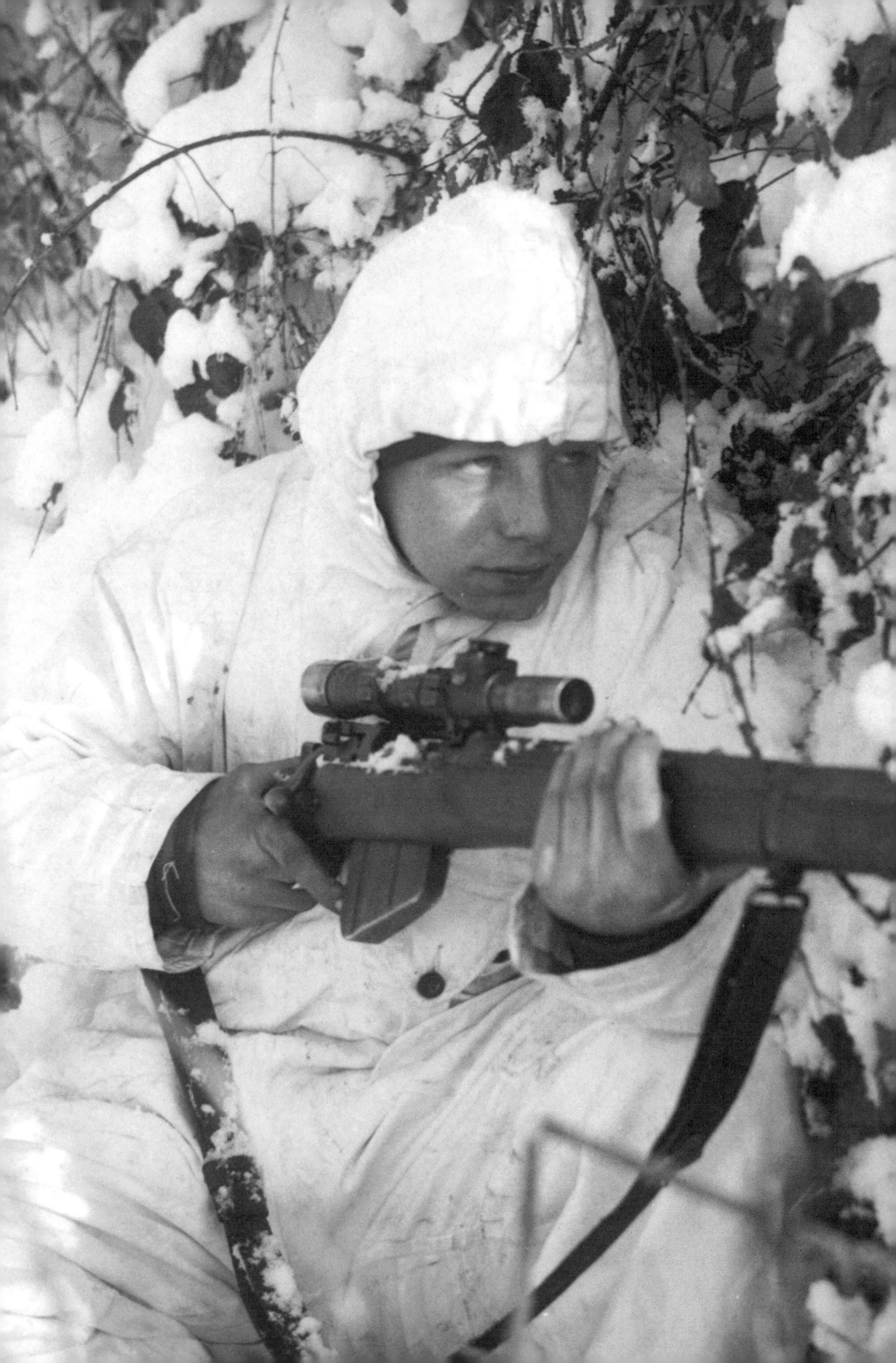

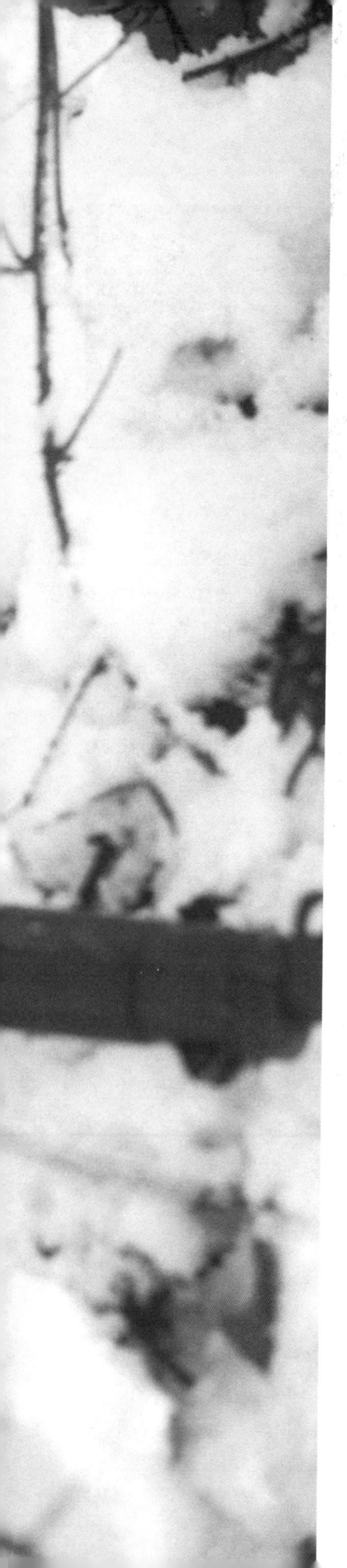

◀ 警戒：1945年1月14日，一名身穿雪地迷彩服的第6空降师狙击手在阿登地区警戒

结局

阿登战役落下了帷幕。
可是，有多少人为之血洒疆场？

　　随着1945年1月即将过去，盟军补上了因阿登战役给防线冲开的缺口。及至2月初，西部防线大致恢复成1944年12月初的样子。盟军随后乘胜追击，在整个西线发动进攻，北有蒙哥马利，中有霍奇斯，南有巴顿，都跃跃欲试想要击溃德军的防线。

　　1月中旬以来，东线大规模进攻已经展开。苏军利用军事资源向阿登地区转移的机会，进一步挤压德国残余的军事和生产空间。如果说诺曼底登陆是第三帝国终结的开始，那么阿登战役便是其最后一章的发端。仅仅3个月后的1945年5月，希特勒存续不足10年的"千年帝国"便土崩瓦解了。

> 调集如此强大的军力，不惜孤注一掷，掏空了德国的战争储备。

阿登战役的确切伤亡数字很难确定。美国国防部的统计数据表明，美军伤亡 80500 人，但也有人估计在 70000～108000 人之间。在官方给出的数据 89500 人中，阵亡 19000 人，负伤 47500 人，失踪 23000 人。英军伤亡人数约为 1400 人。德军最高司令部记录的伤亡人数为 84834 人，加之其他渠道统计数据，总伤亡人数约在 6 万～10 万之间。

虽然交战双方伤亡人数非常相似，但对德国的影响更为严重。调集如此强大的军力，不惜孤注一掷，掏空了德国的战争储备，让东线装甲部队饥寒交迫，令德国空军几近瘫痪。1945 年 1 月 12 日苏军发起攻势，在东线，苏军人数大约是德军的 6 倍。在 1945 年最初的几个月里，苏军迅速向德国挺进。

战役效应

阿登战役之后，美国将军们变得更加小心翼翼。按照英国将军弗雷德里克·摩根（Frederick Morgan）爵士的说法，"美国人不像英国人那样在灾难中长大。在我们看来，这不过是通往最终胜利之路上必然要迈过的一个坎儿。"

那么，这是否证明蒙哥马利在阿登战役期间的谨慎做法是正确的呢？有可能。但有时他或许谨慎过度，没能掌握主动、因势利导。

蒙哥马利的耿直和有失圆滑当然不受美军同行的待见。让他出任美军第 1 和第 9 集团军指挥官的军事决定再合适不过，因为当时联络中断，整个指挥体系亟待合理化，但这激怒了前任指挥官布拉德利将军。尽管欧洲盟军远征军最高司令部发表了一份声明，称这次指挥部重组"绝对与美国将军们的失败无关"，但 1 月 7 日蒙哥马利在新闻发布会上却直言不讳地道出了完全相反的观点。

尽管他对美军尊敬有加，但也使用了诸如"看起来可能会变得尴尬"之类的措辞，称自己如何"整肃战场"，自己的部队如何"一往无前"，"击退""歼灭"敌军。最后他说："这场战役很有意思。可能是我指挥过的最棘手也最有趣的战役之一。"

许多美国人认为他在坐收渔利，以美军救世主自居。

为种族隔离画上句号

阿登战役的一个积极结果是，它加速了美国军队中种族隔离的终结。第二次世界大战期间，除少数黑人军团外，大多数非洲裔士兵都从事辅助工作，如开卡车或出大力。由于前线作战部队人手不足，艾森豪威尔允许非洲裔美国人与他们的白人同胞一起参加战斗。1948年7月，杜鲁门总统颁布第9981例行政命令，废除了美国军队中的种族隔离做法。

必败处境

德国的总体目标是在战场上和战场外的西线盟军中间打入一个楔子，让他们谋求和平而不是继续战争，这当然足够痴心妄想、野心勃勃，但能如愿以偿吗？答案当然是否定的。正如莫德尔元帅所说，这次行动虽然只有大约10%的成功率，但也"必须这样做，因为这是最后一次扭转战局的机会"。从一开始阿登战役就举步维艰。

由于燃料极度短缺，整个军事行动完全依赖在推进过程中找到并缴获盟军的补给。供不应求之际，也就是强弩之末之时。希特勒偏执于最初过于乐观的作战计划，对将军们的建议充耳不闻，因此，修改行动计划、使其更具可操作性已无可能。虽然希特勒找到了盟军防线的薄弱之处，却低估了美军士兵的战斗力。如果他臆断美军普通士兵不愿在远离家乡的战场上冒死打仗，那他就大错特错了。德军首轮攻击过后，就连美军新兵都鼓起了令人难以置信的战斗勇气。

即便阿登战役德军获胜、延长"二战"进程、推迟第三帝国的大限，结果也不会是盟军苟且求和，而是德军自取灭亡。此时，美国正在研制一种新型武器，到1944年年底，这种武器已经呼之欲出。1945年8月，原子弹终于投到了日本的广岛和长崎。假如阿登战役拉长了"二战"，那么德国人也一定会尝到原子弹的滋味。

> 这是最后一次扭转战局的机会。
>
> ——德陆军元帅莫德尔

接管：阿登战役行将结束之际，美军第87步兵师开进比利时圣于贝尔镇

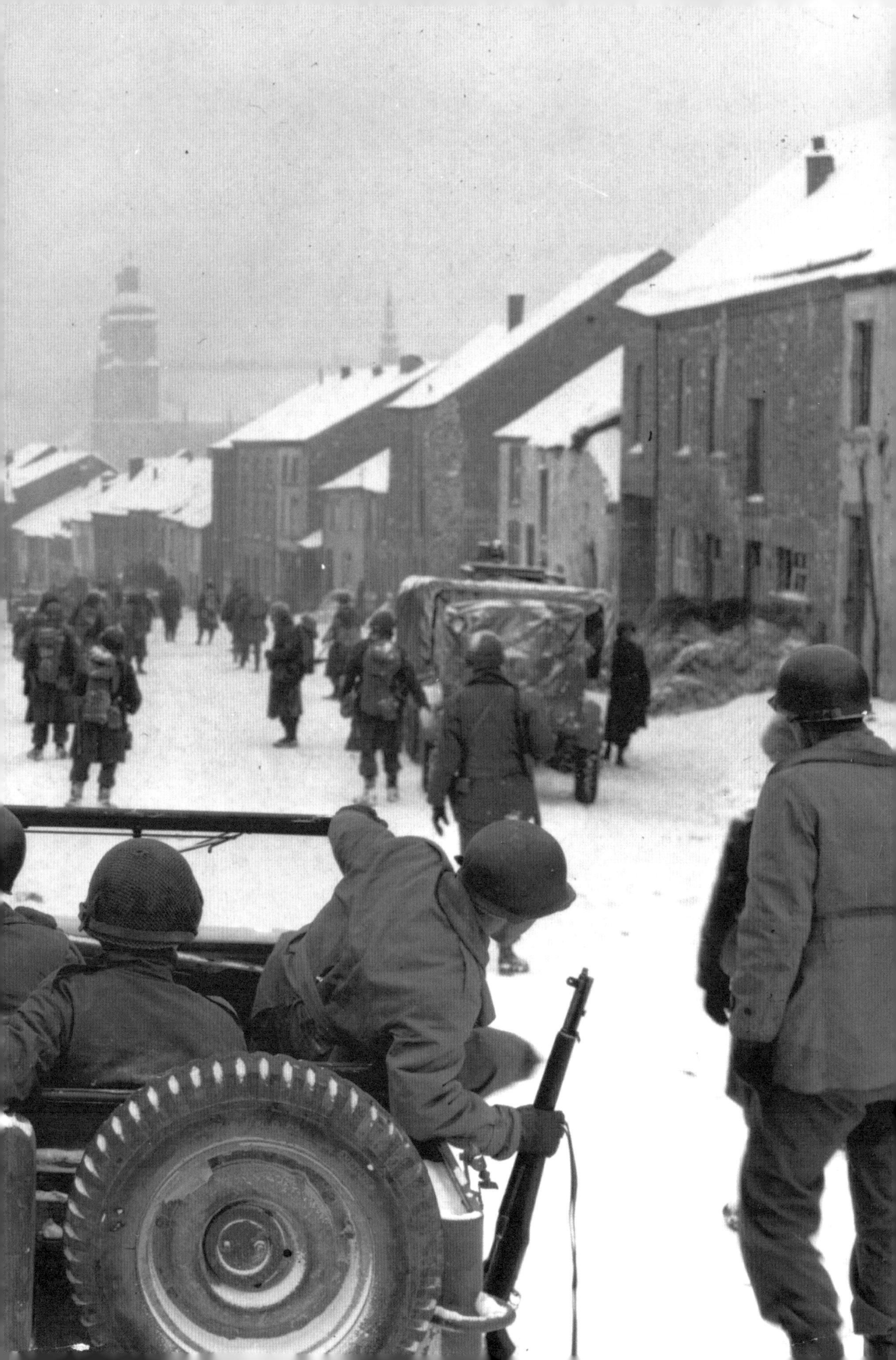

在恶劣条件下顽强奋战的盟军给德军造成毁灭性打击……

1945年2月6日：第82空降师工兵在比利时清除道路上的地雷

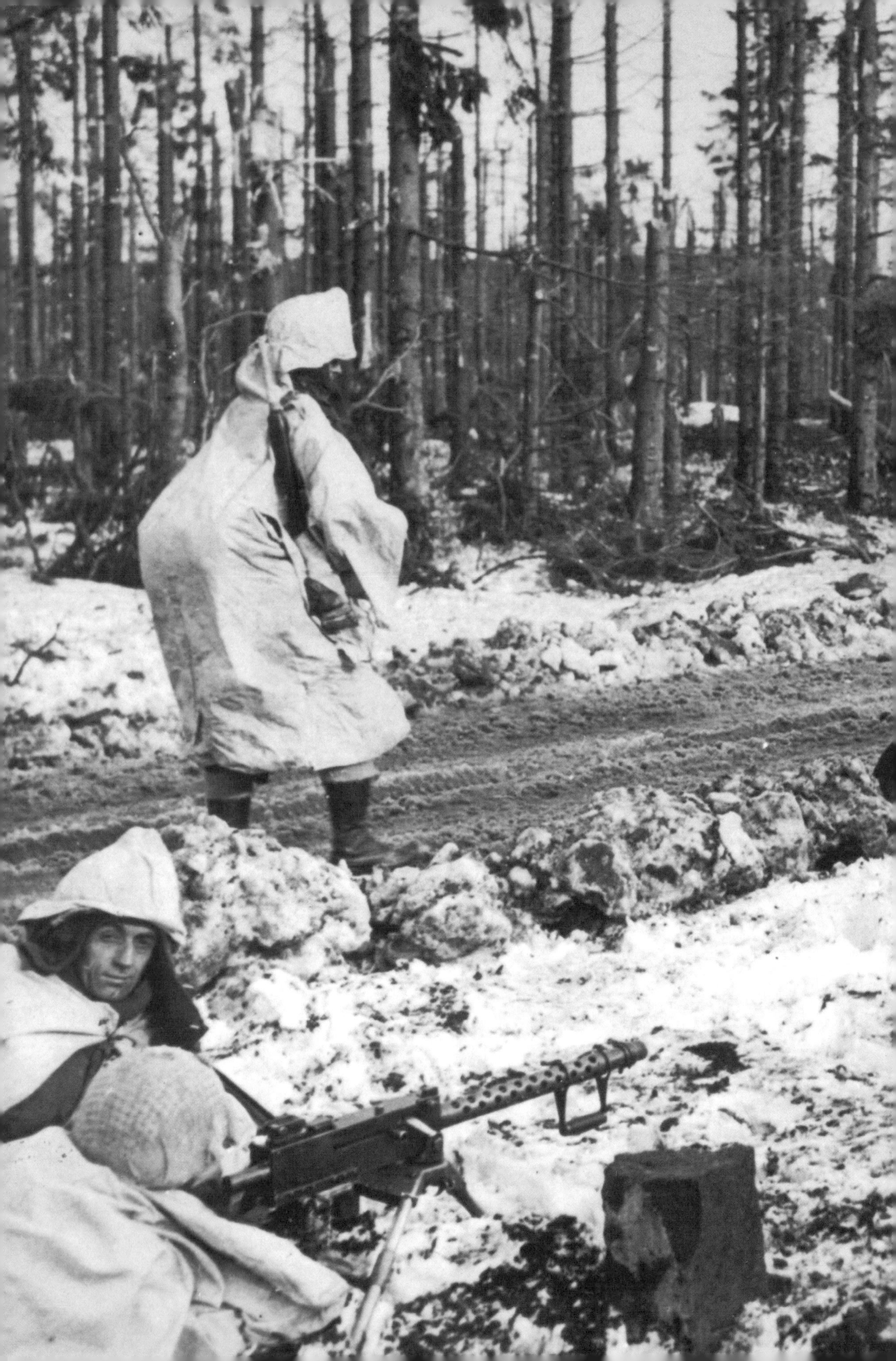

美军和英军从西线插进德国,苏联红军则从东线长驱直入……

1945年2月:美军第2步兵师士兵向蒙绍森林开拔,路经美军轻机枪阵地和一具阵亡德军士兵的尸体

几周之后，盟军跨过莱茵河。

1945年3月26日：美国第7集团军部队乘坐冲锋舟渡河，登上莱茵河东岸

图片所属

2页	Getty Images	86页	Time & Life Pictures/Getty Images
6页	Mondadori/ Getty Images	88页	Time & Life Pictures/Getty Images
8、10页	Hulton Archive/Getty Images	91页	Time & Life Pictures/ Getty Images
14页	Time & Life Pictures/Getty Images	94页	NARA/US Army
16页	Getty Images	96页	Illustration and caption ©Osprey Publishing
19页	Getty Images		
20页	Roger Violet/Getty Images	98页	public domain author:Narodowe Archiwum Cyfrowe
24页	©Osprey Publishing		
26页	Time & Life Pictures/Getty Images	102页	Time & Life Pictures/Getty Images
29页	Popperfoto/Getty Images	106、108	©Osprey Publishing
32页	Time & Life Pictures/Getty Images	112页	Time & Life Pictures/Getty Images
34页	©Osprey Publishing	115、116	UIG via Getty Images
36页	Illustration and caption ©Osprey Publishing	118、122页	NARA/US Army
		124页	UIG via Getty Images
38页	Getty Images	126、128、131、133页	Illustration and caption ©Osprey Publishing
42页	Getty Images		
44页	UIG via Getty Images	136页	Time & Life Pictures/ Getty Images
49页	Illustration and caption ©Osprey Publishing	138页	UIG via Getty Images
		144页	Getty Images
50页	UIG via Getty Images	147页	Getty Images
58页	Illustration and caption ©Osprey Publishing	150页	UIG via Getty Images
		152、154页	Illustration and caption ©Osprey Publishing
61页	©Osprey Publishing		
64页	John Florea / Getty Images	157页	Time & Life Pictures/ Getty Images
66页	Getty Images	160页	Roger Viollet/ Getty Images
70页	Getty Images	165页	Getty Images
72页	Getty Images	166页	©Osprey Publishing
77页	NARA/US Army	168、172页	IWM via Getty Images
78页	Illustration and caption ©Osprey Publishing	174页	Getty Images
		176、178页	UIG via Getty Images